Schaum's Foreign Language Series

FINANZAS Y CONTABILIDAD

LECTURAS Y VOCABULARIO

EN ESPAÑOL

Conrad J. Schmitt

McGraw-Hill, Inc.
New York   St. Louis   San Francisco   Auckland
Bogotá   Caracas   Lisbon   London   Madrid   Mexico   Milan
Montreal   New Delhi   Paris   San Juan   Singapore
Sydney   Tokyo   Toronto

Sponsoring Editors: John Aliano, Meg Tobin
Production Supervisor: Kathy Porzio
Editing Supervisor: Patty Andrews
Cover Design: Wanda Siedlecka
Cover Illustration: Jane Sterrett
Text Design and Composition: Suzanne Shetler/Literary Graphics
Graphs: Andrew D. Salik
Printer and Binder: R.R. Donnelley and Sons Company

FINANZAS Y CONTABILIDAD

1 2 3 4 5 6 7 8 9 10 11 12 13 14 15 DOC DOC 9 8 7 6 5 4 3 2 1

ISBN 0-07-056806-5

Library of Congress Cataloging-in-Publication Data
Woodford, Protase E.
  Finanzas y contabilidad : lecturas y vocabulario en español /
  Protase E. Woodford, Conrad J. Schmitt.
      p.   cm. — (Schaum's foreign language series)
  Includes index.
  ISBN 0-07-056806-5
  1. Spanish language — Business Spanish.   2. Spanish language —
  Readers — Finance.   3. Spanish language — Readers — Accounting.
  4. Spanish language — Textbooks for foreign speakers — English.
  I. Schmitt, Conrad J.   II. Title.   III. Series.
    PC4120.C6W67   1991
  468.2'421'024332—dc20   91-11272
                                                    CIP

ABOUT THE AUTHORS

Protase E. Woodford

Mr. Woodford was Director of the Foreign Languages Department, Test Development, Schools and Higher Education Programs Division, Educational Testing Service, Princeton, New Jersey. He has taught Spanish at all academic levels. He has also served as Department Chairman in New Jersey high schools and as a member of the College Board Spanish Test Committee, the Board of Directors of the Northeast Conference on the Teaching of Foreign Languages, and the Governor's Task Force on Foreign Languages and Bilingual Education (NJ). He has worked extensively with Latin American, Middle Eastern, and Asian ministries of education in the areas of tests and measurements and has served as a consultant to the United Nations and numerous state and federal government agencies. He was Distinguished Visiting Linguist at the United States Naval Academy in Annapolis (1987-88) and Visiting Professor at the Fundación José Ortega y Gasset in Gijón, Spain (1986). Mr. Woodford is the author of many high school and college foreign language textbooks, including the communicating titles in Schaum's Foreign Language Series. He has traveled extensively throughout Spain, Mexico, the Caribbean, Central America, South America, Europe, Asia, and the Middle East.

Conrad J. Schmitt

Mr. Schmitt was Editor-in-Chief of Foreign Language, ESL, and Bilingual Publishing with McGraw-Hill Book Company. Prior to joining McGraw-Hill, Mr. Schmitt taught languages at all levels of instruction from elementary school through college. He has taught Spanish at Montclair State College, Upper Montclair, New Jersey; French at Upsala College, East Orange, New Jersey; and Methods of Teaching a Foreign Language at the Graduate School of Education, Rutgers University, New Brunswick, New Jersey. He also served as Coordinator of Foreign Languages for the Hackensack, New Jersey, Public Schools. Mr. Schmitt is the author of many foreign language books at all levels of instruction, including the communicating titles in Schaum's Foreign Language Series. He has traveled extensively throughout Spain, Mexico, the Caribbean, Central America, and South America. He presently devotes his full time to writing, lecturing, and teaching.

☰ PREFACE _____

The purpose of this book is to provide the reader with the vocabulary needed to discuss the fields of Finance and Accounting in Spanish. It is intended for the person who has a basic background in the Spanish language and who wishes to be able to converse in this language in his or her field of expertise. The book is divided into two parts—Part One, Finance and Part Two, Accounting. The content of each chapter focuses on a major area or topic relative to each of these fields. The authors wish to stress that it is not the intent of the book to teach Finance or Accounting. The intent of the book is to teach the lexicon or vocabulary needed to discuss the fields of Finance and Accounting in Spanish. It is assumed that the reader has learned about these fields either through college study or work experience.

The specific field-related vocabulary presented in this book is not found in basic language textbooks. This book can be used as a text in a specialized Spanish course for Finance and Accounting. The book can also be used by students studying a basic course in Spanish who want to supplement their knowledge of the language by enriching their vocabulary in their own field of interest or expertise. This adds a useful dimension to language learning. It makes the language a valuable tool in the modern world of international communications and commerce. Since the gender of nouns related to professions in the romance languages involves grammatical changes that are sometimes quite complicated, we have, for the sake of simplicity, used the generic **el** form of nouns dealing with professions.

Using the Book

If a student uses the book on his or her own in some form of individualized study or leisurely reading, the following procedures are recommended to obtain maximum benefit from the book.

Since the specific type of vocabulary used in this book is not introduced in regular texts, you will encounter many unfamiliar words. Do not be discouraged. Many of the words are cognates. A cognate is a word that looks and may mean the same in both Spanish and English but is, in most cases, pronounced differently. Examples of cognates are **la corporación** and **la companía.** You should be able to guess their meaning without difficulty, which will simplify your task of acquiring a new lexicon.

Before reading the chapter, proceed to the exercises that follow the reading. First, read the list of cognates that appear in the chapter. This cognate list is the first exercise of each chapter. Then look at the cognate exercises to familiarize yourself with them.

Continue by looking at the matching lists of English words and their Spanish equivalents. These matching lists present words that are not cognates, that is, those words that have no resemblance to one another in the two languages. Look at the English list only. The first time you look at this exercise you will not be able to determine the Spanish equivalent. The purpose of looking at the English list is to make you aware of the specific type of vocabulary you will find in reading the chapter. After having looked at the English list, read the Spanish list; do not try to match the English-Spanish equivalents yet.

After you have reviewed the cognates and the lists of English words, read the chapter quickly. Guess the meanings of words through the context of the sentence. After having read the chapter once, you may wish to read it again quickly.

After you have read the chapter once or twice, attempt to do the exercises. Read the chapter once again, then complete those exercises you were not able to do on the first try. If you cannot complete an exercise, check the answer in the Answer Key in the Appendix. Remember that the exercises are in the book to help you learn and use the words; their purpose is not to test you.

After going over the exercises a second time, read the chapter again. It is not necessary for you to retain all the words; most likely, you will not be able to. However, you will encounter many of the same words again in subsequent chapters. By the time you have finished the book, you will retain and be familiar with enough words to enable you to discuss the fields of Finance and Accounting in Spanish with a moderate degree of ease.

If there is a reason for you to become expert in carrying on financial or accounting discussions in Spanish, it is recommended that you reread the book frequently. It is more advantageous to read and expose yourself to the same material often. Do not attempt to study a particular chapter arduously until you have mastered it. In language acquisition, constant reinforcement is more beneficial than tedious, short-term scrutiny.

In addition to the vocabulary exercises, there is a series of comprehension exercises in each chapter. These comprehension exercises will provide you with an opportunity to discuss on your own economic and financial matters and enable you to use the new vocabulary you just learned.

If you are interested in fields other than Finance and Accounting, you will find, on the back cover of this book, a complete list of the titles and the fields available to you.

CONTENTS

Primera parte
FINANZAS

Capítulo 1
FUNCION FINANCIERA

Para comprender el papel de las finanzas en el comercio hay que tener en mente las metas de la empresa. Las empresas tienen, como meta principal, la maximización del valor de las acciones. Los intereses de los accionistas deben ser los mismos que tiene la administración, aunque no es siempre así. Las decisiones que toma la administración afecta el valor de la empresa de varias maneras. Una decisión puede resultar en unas ganancias a corto plazo con efectos negativos a largo plazo y viceversa.

Se ha discutido mucho la responsabilidad social que tiene la empresa. Cuando se habla de la «maximización de valor», hay que añadir «dentro de la ley». Algunos inversionistas consideran la protección del medio ambiente[1] y la justicia social como importantes metas para la empresa. En los años 80 y 90 algunos accionistas votaron por eliminar las inversiones que tenían las empresas en Suráfrica. En otras ocasiones los accionistas han protestado contra el uso de la energía nuclear por las empresas. Aunque el interés por el medio ambiente y la justicia social motiva a muchos inversionistas, parece que la mayoría todavía considera la maximización del valor la primera obligación de la empresa, y así votan.

Dirección de la empresa

Los dueños o propietarios de una corporación o sociedad anónima son los accionistas. La Telefónica *(AT&T)*, la IBM y la General Motors tienen cientos de miles de dueños. Es obvio que esos dueños no pueden dirigir directamente las operaciones de las empresas. Los accionistas votan por miembros de una junta directiva o junta de directores. Los miembros de la junta entonces eligen a uno de su número como presidente de la junta. La junta y su presidente entonces nombran a los oficiales de la empresa. En los EE.UU., por regla general y por ley, la corporación tiene que tener un presidente, un secretario y un tesorero. Las empresas grandes tienen muchos oficiales. En algunas corporaciones hay varios presidentes y docenas de vicepresidentes.

Tradicionalmente, el encargado de las finanzas de una corporación era el tesorero. Hoy son muy comunes dos nuevos puestos: el contralor y el vicepresidente de finanzas. Las responsabilidades del contralor son las funciones de contabilidad y control. El contralor se ocupa del mantenimiento de los estados

---

[1] *environment*

financieros y otros registros y documentos. Identifica las variaciones y desviaciones en los resultados esperados; administra el sistema de sueldos y salarios, pagos de impuestos, inventarios, activos fijos y operaciones de computadora.

El tesorero es responsable del financiamiento y de las inversiones. Cuida del efectivo y los otros activos corrientes (circulantes), recauda fondos adicionales cuando sea preciso e invierte fondos en proyectos. Toma parte en la planificación a largo plazo; anticipa los cambios en la tecnología, los costos, el capital que se necesitará para inversiones, las ganancias derivadas de nuevos proyectos que se proponen y la demanda para el producto. Ayuda en determinar el efecto de los precios en las ganancias. También se ocupa de los seguros, las pensiones, los programas de incentivo, etc.

Jerarquía empresarial

En la jerarquía empresarial el contralor y el tesorero pueden ser iguales; uno no es superior al otro. El jefe de ambos es el vicepresidente de finanzas. Todas las operaciones financieras y la planificación son responsabilidades del vicepresidente de finanzas. El les informa y les aconseja[2] a los miembros de la junta de directores sobre asuntos[3] de finanzas. Aunque las responsabilidades para las finanzas de la corporación estén en manos de los especialistas como el tesorero y el contralor, el personal en otras áreas también contribuye a la toma de decisiones financieras. Los que trabajan en producción, en ventas, en mercadeo tienen un papel. Los vendedores, por ejemplo, pueden indicar el efecto que tendría un alza[4] en el precio del producto. El papel[5] de las finanzas en las grandes empresas es tan importante que es frecuente que el presidente o funcionario ejecutivo principal venga del área de finanzas, normalmente la vicepresidencia de finanzas. Aquí vemos la estructura administrativa de una empresa típica.

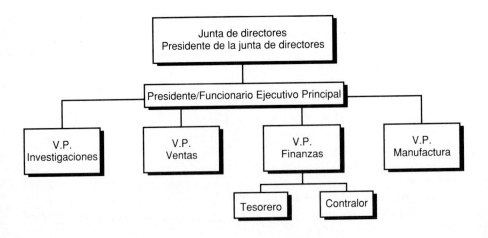

---

[2]*advises*   [3]*matters*   [4]*increase*   [5]*role*

Como la junta de directores representa a los accionistas, la junta es el jefe, y tanto el funcionario ejecutivo principal como los vicepresidentes son empleados. En general, la toma de decisiones rutinarias está en manos del presidente con ayuda de los vicepresidentes y otros, pero la junta de directores aprueba o rechaza las recomendaciones de los oficiales.

Otra manera de representar la organización de la empresa es por la pirámide.

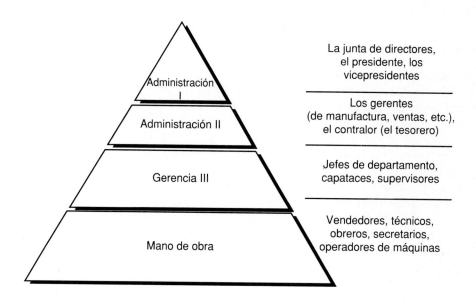

La junta de directores, el presidente, los vicepresidentes

Los gerentes (de manufactura, ventas, etc.), el contralor (el tesorero)

Jefes de departamento, capataces, supervisores

Vendedores, técnicos, obreros, secretarios, operadores de máquinas

Administración I

Administración II

Gerencia III

Mano de obra

Funciones administrativas

Las funciones de los administradores varían según el nivel. Hay cuatro funciones administrativas: la planificación, la organización, la dirección y el control. Los altos administradores se dedican mucho a la planificación, poco a la dirección y algo a la organización y al control. Los del segundo grupo se dedican mucho al control y algo a las otras tres áreas. Los del tercer grupo se dedican mucho a la dirección, poco o nada a la planificación y algo a la organización y al control. En las finanzas, entonces, el vicepresidente se ocupa primero de la planificación y poco a la dirección. El contralor y el tesorero se dedican más al control que a otra cosa y algo a las otras tres funciones.

Ya se dijo que la meta de la empresa es la maximización del valor. Aunque parece clara y sencilla esta meta, los medios que se emplean para lograrla[6] no lo son. Los que son responsables por las finanzas de la corporación tienen que considerar muchos factores al tomar una decisión. La política que resulta en

---

[6]*to achieve*

mayor valor a corto plazo puede tener un resultado negativo a largo plazo. Pero también una inversión que rinde[7] mayor renta a largo plazo puede ser menos valiosa[8] que una inversión con menos ganancia a corto plazo porque el valor del dinero cambia con el tiempo. Un dólar hoy, con una tasa de interés del 8% es un dólar ocho centavos el año que viene y un dólar, diecisiete centavos en dos años. Más adelante hablaremos del valor temporal del dinero.

_____

[7]_yields_   [8]_valuable_

ESTUDIO DE PALABRAS _____

Ejercicio 1   Study the following cognates that appear in this chapter.

la maximización	la variación	la pensión
la administración	el resultado	el programa de
la responsabilidad	el sistema	incentivo
la obligación	el salario	el especialista
el propietario	el inventario	el supervisor
la corporación	la decisión	la recomendación
la operación	la computadora	el factor
el miembro	el financiamiento	
el presidente	la planificación	protestar
el vicepresidente	el proyecto	motivar
el secretario	los fondos	identificar
el tesorero	el costo	administrar
el contralor	el capital	determinar
las finanzas	la demanda	considerar
la función	el producto	variar
el documento	el efecto	votar

Ejercicio 2   Give the word being defined.
1. la acción de planificar
2. la acción de financiar
3. la acción de administrar
4. la acción de recomendar
5. la acción de decidir

Ejercicio 3   Complete each statement with the appropriate word(s).
1. El tesorero y el _____ se ocupan de las finanzas de la empresa.
2. Los fondos que tiene la empresa es su _____.
3. La _____ para el producto determina la cantidad que se vende.
4. Una empresa es una _____.
5. El presidente es un _____ de la junta de directores.
6. El _____ es el dinero que recibe el empleado por su trabajo.

7. La _____ es lo que recibe el empleado cuando se retira, por lo general, a los 65 años.
8. El estimado de las mercancías que quedan es el _____.

Ejercicio 4 Match the English word or expression in Column A with its Spanish equivalent in Column B.

A	B
1. Board of Directors	a. dirigir
2. chief executive officer	b. la ganancia
3. to elect	c. la acción
4. to direct	d. el efectivo
5. investor	e. a corto plazo
6. investment	f. la tasa de interés
7. stockholder	g. la junta de directores (directiva)
8. stock	h. la contabilidad
9. short-term	i. recaudar
10. long-term	j. el funcionario ejecutivo principal
11. accounting	k. los seguros
12. fixed assets	l. el inversionista
13. profit	m. la política
14. cash	n. los activos fijos
15. tax payment	o. elegir
16. insurance	p. a largo plazo
17. interest rate	q. el accionista
18. policy	r. el pago de impuestos
19. to collect	s. la inversión

Ejercicio 5 Select the appropriate word to complete each statement.

invertir   inversionista   inversión
acción   accionista

1. La Sra. Vargas quiere _____ en la empresa Castells y Hmnos.
2. Ella va a hacer una _____ en la compañía.
3. Quiere comprar _____.
4. Muchos _____ compran acciones en las grandes corporaciones.
5. Los _____ pueden votar por los miembros de la junta de directores.

Ejercicio 6 Complete each statement with the appropriate word(s).

1. El funcionario más alto de la empresa nombrado por la junta de directores es el _____.
2. La _____ varía pero en este momento está al 8% más o menos.
3. El departamento de _____ se encarga de (se responsabiliza por) las finanzas de la empresa.
4. El gobierno _____ los impuestos, y las corporaciones y los individuos los pagan.

5. Los accionistas _____ por los miembros de la junta de directores.
6. Una inversión _____ es por mucho tiempo.
7. Y una inversión _____ es por poco tiempo.
8. Hay _____ de vida, de auto, de medicinas, de daños, etc.
9. El no pagó con un cheque. Pagó en _____.
10. Las _____ son los beneficios que recibe la empresa.

Ejercicio 7   Match the word or expression in Column A with its definition in Column B.

A	B
1. la meta	a. la corporación
2. la empresa	b. el contrario de «aprobar», no aceptar
3. la sociedad anónima	c. el objetivo
4. el dueño	d. consentir, dar por bueno, aceptar
5. el encargado	e. el salario
6. el sueldo	f. la compañía
7. aprobar	g. el propietario
8. rechazar	h. el responsable

Ejercicio 8   Match the English expression in Column A with its Spanish equivalent in Column B.

A	B
1. management	a. el vendedor
2. sales representative	b. el mercadeo
3. sales	c. la mano de obra
4. marketing	d. la gerencia
5. foreman	e. el obrero
6. laborer	f. las ventas
7. manpower	g. el capataz

Ejercicio 9   Give the word being defined.
1. el dinero que uno tiene en la forma de dinero-papel y monedas
2. el dinero que recibe la empresa por su producto
3. el dinero que paga la empresa o el individuo al gobierno
4. el que tiene (es tenedor de) acciones
5. el grupo que se encarga del funcionamiento de una gran empresa
6. el dinero que uno recibe por el trabajo que hace
7. una gran empresa o corporación
8. el departamento de la empresa que se encarga de vender el producto
9. el departamento de la empresa que se encarga del control de las finanzas
10. el objetivo
11. el que trabaja en una fábrica
12. el supervisor de los obreros

COMPRENSION

Ejercicio 1   True or false?
1. Los accionistas dirigen las operaciones de las empresas.
2. Los accionistas eligen al presidente de la junta de directores.
3. El contralor de la empresa se ocupa de la contabilidad y del control financiero de la empresa.
4. El contralor determina si la empresa está realizando los resultados económicos esperados.
5. El contralor generalmente se dedica más a la planificación a largo plazo que el tesorero.
6. El tesorero se ocupa de los seguros, las pensiones y el programa de incentivo.

Ejercicio 2   Answer.
1. ¿Cuál es la meta principal de una empresa?
2. ¿Quiénes son los dueños de una corporación o sociedad anónima?
3. ¿Por quiénes votan los accionistas?
4. ¿Qué hace el contralor?
5. ¿Quién administra el sistema de sueldos, el inventario, etc.?
6. ¿Qué hace el tesorero?
7. ¿Quién es el jefe del contralor y del tesorero?
8. ¿Cuál es otro personal que interviene en o contribuye a la toma de decisiones financieras de la empresa?
9. ¿Cómo se dice *CEO* en español?
10. ¿Quiénes se dedican más a la planificación de la empresa, los administradores o los gerentes?
11. ¿Quiénes se dedican más a la dirección?
12. ¿Cómo es posible que una decisión que resulta en mayor valor a corto plazo pueda tener un resultado negativo a largo plazo?

Ejercicio 3   Prepare a list of the responsibilities of the following individuals in a large corporation.
1. el contralor
2. el tesorero

Capítulo 2
SISTEMA FINANCIERO DE
LOS ESTADOS UNIDOS

Para tener una economía estable y saludable es imprescindible[1] un sistema financiero eficiente. Forman parte del sistema las instituciones y los mercados que sirven al público y a las empresas en el financiamiento de la compra de bienes y servicios, en la inversión de capital y en la transferencia de valores y obligaciones.

Lo que hace el sistema financiero es ayudar en la transformación de ahorros en inversiones. Los ahorros son las rentas que tienen los individuos y las empresas después de haber pagado por los bienes y servicios que reciben durante determinado período de tiempo. Esas rentas, o dinero, se usan para la compra de activos fijos por otros para la producción de bienes y servicios. Los ahorros se convierten en inversiones. La persona o empresa puede, por medio del sistema financiero, transferir el dinero ahorrado a otros para el financiamiento de oportunidades de producción. Este tipo de transacción resulta en un activo financiero que es una demanda contra las rentas futuras y los activos de la persona que emite el activo. Para el que emite el activo esta demanda representa un pasivo financiero. Para cada activo financiero que tiene una persona o empresa existe un pasivo correspondiente. Si el sistema financiero tiene un producto, es el activo financiero.

Mercados financieros

Para la compra y venta de activos hay mercados. Hay mercados primarios y secundarios. Los mercados primarios son los mercados donde se venden inicialmente las acciones o los bonos, o sea, la venta de los activos financieros nuevamente emitidos. La mayoría de las compras y ventas de activos financieros se efectúan[2] por medio de negociantes y corredores. Los mercados secundarios son los mercados donde se negocian subsiguientemente. La mayor parte de la actividad de los negociantes y corredores es de mercado secundario. Los mercados secundarios ofrecen grandes ventajas al público. El inversionista tiene una gran variedad de activos financieros para escoger. No se limita solamente a los activos recién emitidos. El inversionista que necesita efectivo puede vender sus activos sin tener que esperar la fecha de vencimiento de un título o bono. Los mercados secundarios son muy importantes para los accionistas. Con tal de que la empresa

---

[1]*essential* [2]*are carried out*

que emitió las acciones originalmente todavía exista, las acciones son negociables. Es obvio que siempre hay más activos financieros existentes que nuevos activos emitidos. Por eso hay más actividad en los mercados secundarios que en los mercados primarios.

Los negociantes compran activos financieros y luego los venden. Su ganancia es la diferencia entre el precio que pagan por el activo y el precio que reciben al venderlo. Los corredores no compran activos. Ellos encuentran compradores para sus clientes que quieren vender activos y viceversa. El corredor recibe una comisión por cada transacción.

Intermediarios financieros

Lo que hace funcionar el sistema financiero son los intermediarios financieros. Los intermediarios son instituciones como los bancos, las cajas de ahorro, las casas de ahorro y préstamo y las compañías de seguros. Los intermediarios compran los pasivos de empresas e individuos. También piden prestado emitiendo sus propios pasivos. Algunas ventajas que ofrecen los intermediarios en la transferencia de fondos son las siguientes:

- Liquidez y flexibilidad.   El intermediario puede reunir los fondos de muchos inversionistas para proveer grandes sumas al que necesita dinero.
- Facilidad y conveniencia.   El intermediario les ofrece a sus clientes una variedad de servicios financieros.
- Diversificación.   El intermediario hace préstamos a una variedad de personas y empresas disminuyendo el riesgo para sus inversionistas. En los EE.UU. el gobierno federal asegura las cuentas de ciertos tipos de instituciones.
- Experiencia.   El intermediario, porque se dedica a la compra y venta de activos, generalmente conoce el mercado mejor que puede ningún individuo.

Bancos Los intermediarios más comunes son los bancos comerciales. Hay más de 15.000 en los EE.UU. Los bancos comerciales ofrecen muchos servicios: cuentas corrientes, cuentas de ahorro, préstamos, hipotecas. También hay cajas de ahorro, casas de ahorro y crédito y bancos de ahorro. Ellos reciben sus fondos de las cuentas de ahorros de sus clientes. Ellos prestan dinero, especialmente a personas para la compra de casas. Las asociaciones cooperativas de crédito se forman de miembros o socios con cierta afinidad[3]: empleados de una misma empresa, por ejemplo, o de un mismo oficio como taxistas, pilotos, enfermeros, etc. Ellos ofrecen cuentas de ahorros a sus socios y usan el dinero para hacer préstamos a los socios. Aunque tienden a ser pequeñas, estas instituciones son numerosas; hay más de 20.000 en los EE.UU.

Otros intermediarios financieros son las compañías de seguros, los fondos de pensiones, los fondos mutualistas y las compañías de préstamos.

---

[3]*similarity*

Compañías de seguros Las compañías de seguros son de dos tipos: de vida y de propiedad y daños. El contrato para seguros se llama «póliza». El asegurado paga cierta cantidad de dinero—la prima—a la compañía de seguros. La compañía promete pagar si el asegurado sufre los daños contra los que tiene el seguro. La compañía recauda primas de muchas personas para pagar las pérdidas de muy pocas personas. Las primas que recaudan se invierten. Las pólizas de vida tienen un elemento de ahorro. Una parte de la prima se guarda[4] como un depósito de banco y acumula intereses. A través del tiempo el total aumenta con la paga de primas adicionales e intereses. Este total es el valor en efectivo de la póliza. Las compañías de seguros acumulan enormes cantidades de dinero para inversiones. Las compañías de seguros son intermediarios importantísimos en el sistema financiero.

Fondos de pensiones Los fondos de pensiones sirven para proveer rentas a personas retiradas o incapacitadas. Los trabajadores y los patronos contribuyen dinero a los fondos y los fondos invierten el dinero en acciones, bonos o títulos e hipotecas.

Fondos mutualistas Los fondos mutualistas son instituciones que pagan a profesionales para hacer las inversiones del fondo y manejar los activos. La gente compra acciones en el fondo. Cada «acción» es una parte del total de las inversiones del fondo. Los participantes en un fondo mutualista tienen el derecho de vender sus acciones en el fondo al fondo cuando quieran. Las acciones de fondos mutualistas no se comercian en el mercado secundario. La ventaja para el inversionista es que puede invertir en una variedad de acciones y bonos.

Compañías de préstamos Las compañías de préstamos de diferentes tipos generalmente reciben préstamos de los bancos comerciales o emiten activos. Ellos entonces hacen préstamos a corto plazo y con altas tasas de interés. Sus clientes, muchas veces, tienen dificultad en recibir préstamos de banco.

Instrumentos financieros

Los intermediarios financieros negocian en los mercados de valores. Los instrumentos que negocian son de diferentes clases. Los activos financieros son el dinero, la deuda y las acciones.

Dinero El gobierno emite el dinero en papel y metálico. Los depósitos a la vista (cuentas corrientes de cheques) también pueden considerarse dinero ya que los cheques funcionan como el dinero.

Deuda Casi todo el mundo emite deuda—los individuos, las empresas y el gobierno. El que emite una deuda promete pagar cierta cantidad al acreedor después de determinado tiempo. Las empresas emiten deuda y también acciones. Las acciones son la propiedad de la empresa. Los que tienen las acciones son los dueños de la empresa. Los accionistas reciben una porción de las ganancias de la empresa, pero sólo después de que se haya pagado a los acreedores. Por eso los poseedores de la deuda saben exactamente lo que van a recibir, los accionistas, no.

---

[4]*is kept, held*

Las formas de deuda son hipotecas, títulos del gobierno y bonos de diferentes clases. Los gobiernos federal, estatales y municipales emiten títulos y bonos. Los títulos o bonos municipales son atractivos porque los intereses derivados no son sujetos a impuestos federales. Sólo las grandes corporaciones emiten bonos corporativos. Las empresas pequeñas van a los bancos para préstamos. Los bonos son de largo plazo y se usan para financiar la construcción de plantas nuevas y similar. La empresa promete pagar cierta cantidad al portador durante determinado período de tiempo. Cuando vence el tiempo, la empresa paga el valor del bono. Por ejemplo, un bono de $1.000 que vence en 20 años con tasa de cupón del 10% al año pagará $100 cada año, y al completar el período de 20 años, los $1.000 del valor del bono. El cupón es el interés que se le paga al portador, es una porción del valor del bono y se paga, normalmente, dos veces al año.

Acciones Las acciones son de dos tipos, comunes y preferenciales. Como se sabe, los que tienen acciones reciben una porción de las ganancias de la empresa, un dividendo, después de que se haya satisfecho la deuda. Las acciones preferenciales reciben una cantidad específica como dividendo antes de que se pague cualquier dividendo a los accionistas comunes.

La compra y venta de acciones se efectúa en las Bolsas de Valores. La más famosa es la de Nueva York *(NYSE)*, pero hay muchas en los EE.UU. y en otros países. Las empresas tienen que cumplir con ciertos requisitos[5] para inscribirse[6] en la Bolsa. La más exigente[7] es la de Nueva York; la American Exchange *(AMEX)* es un poco menos exigente. Las compañías pequeñas, por lo general, venden sus acciones «sobre el mostrador», sin participar en las Bolsas de Valores. Las Bolsas sirven de mercado para la compra y venta de acciones; proveen información a los inversionistas sobre el valor de las acciones; tienden a mantener los precios estables y facilitan la circulación de nuevas emisiones de valores.

Títulos y bonos Los títulos y bonos representan deudas a largo plazo, es decir, deudas con más de un año de vencimiento, y se negocian en los mercados de capital. Las deudas a corto plazo se negocian en los mercados de dinero. En los mercados de dinero se negocian fondos federales, bonos fiscales, certificados de depósito y otros valores del mercado de dinero.

Fondos federales Los fondos federales son los depósitos de reserva de los bancos comerciales. Este dinero se compra y se vende entre bancos en unidades de $1.000.000,00. Estos préstamos son de uno o dos días. Las tasas de interés pueden variar hasta por hora. El volumen de estas transacciones puede alcanzar hasta $20 billones diarios.

Bonos fiscales Los bonos fiscales emitidos por la Tesorería son deuda a corto plazo. El bono tiene un valor nominal, $1.000 por ejemplo, y vence en 12 meses. El gobierno lo vende a un descuento por $950. Cuando el bono vence en un año, el portador recibe $1.000 del gobierno.

---

[5]*requirements*   [6]*to register, enter*   [7]*demanding*

Tasas de interés Las tasas de interés son el precio del crédito en los mercados financieros. Por lo general, si las tasas de interés son altas para un tipo de activo, también lo son para otros. Varios factores afectan las tasas de interés. La oferta y la demanda afectan a este mercado también. Si hay mucho dinero para prestar, las tasas de interés bajan. Si hay poco dinero, suben. Cuando se prevé la inflación, las tasas de interés tienden a subir porque la gente quiere comprar bienes y servicios a bajo precio y pagar con dinero barato más tarde.

En resumen, para las empresas que necesitan dinero hay varios recursos. Pueden emitir acciones comunes y preferenciales. Pueden recurrir a la deuda; a corto plazo la deuda puede ser pagarés al banco o cuentas a pagar a los que les proveen bienes y servicios. A largo plazo la deuda puede ser en forma de hipotecas con los bienes raíces o activos fijos de la empresa como garantía de pago al acreedor, o la emisión de bonos no garantizados.

ESTUDIO DE PALABRAS

Ejercicio 1 Study the following cognates that appear in this chapter.

la institución	el fondo mutualista	estable
el financiamiento	el dividendo	negociable
la transacción	el interés	comercial
la transformación	los fondos federales	
la comisión	el depósito de	contribuir
el banco	reserva	
el fondo de pensión	el descuento	

Ejercicio 2 Select the appropriate word(s) to complete each statement.
1. Un valor (estable / negociable) es un título o una acción que se puede comerciar o negociar por cierta suma de dinero.
2. (El interés / La comisión) es lo que se paga a una persona por haberle vendido algo.
3. Uno recibe (interés / comisión) de una cuenta de ahorros en el banco.
4. La empresa y los empleados tienen que (comerciar / contribuir) al fondo de pensión.
5. El (banco / fondo) es una institución financiera.
6. Las acciones pagan (un dividendo / una comisión).
7. Una economía (estable / inestable) funciona bien.

Ejercicio 3 Match the verb in Column A with its noun form in Column B.

A	B
1. financiar	a. la contribución
2. contribuir	b. la transformación
3. descontar	c. el descuento
4. transformar	d. la inversión
5. invertir	e. el financiamiento

Ejercicio 4   Match the English word or expression in Column A with its Spanish equivalent in Column B.

A	B
1. Stock Market	a. sobre el mostrador
2. stockbroker	b. el activo
3. stockholder	c. los ahorros
4. over-the-counter	d. el corredor
5. government bond	e. la inversión
6. corporate bond	f. el portador, el tenedor
7. savings	g. el valor nominal
8. investment	h. el Mercado (la Bolsa) de Valores
9. investor	i. el efectivo
10. due date	j. el accionista
11. bearer	k. el pasivo
12. to come due	l. el bono federal (estatal, municipal)
13. cash	m. la demanda
14. gain	n. la fecha de vencimiento
15. asset	o. la ganancia
16. liability	p. el título corporativo
17. claim	q. el inversionista
18. face value	r. vencer
19. common stock	s. la acción preferencial
20. preferred stock	t. la acción común

Ejercicio 5   Select the appropriate word(s) to complete each statement.

1. Se efectúa la compra y venta de acciones en el _____.
   a. Mercado de Valores   b. departamento de vendedores   c. accionista
2. El _____ puede vender o comprar acciones para sus clientes.
   a. inversionista   b. acreedor   c. corredor
3. El acreedor tiene _____.
   a. pasivos   b. activos   c. descuentos
4. El deudor tiene _____.
   a. pasivos   b. activos   c. descuentos
5. El deudor tiene que pagar el valor nominal al portador del bono en _____.
   a. el mercado   b. la fecha de vencimiento   c. el corredor
6. _____ es la diferencia entre el precio de una acción al comprarla y al venderla si el precio de venta es más alto que el de compra.
   a. La comisión   b. El efectivo   c. La ganancia
7. El dinero-papel o las monedas metálicas son _____ pero una acción o un bono no lo es.
   a. título   b. efectivo   c. ahorro
8. Las acciones son una _____ que lleva cierto riesgo.
   a. inversión   b. comisión   c. ganancia

9. Otra palabra que significa «tenedor» o «poseedor» es _____.
   a. corredor   b. portador   c. acreedor
10. Los inversionistas convierten _____ en inversiones.
   a. sus ahorros   b. su balance   c. sus pasivos

Ejercicio 6   Match the English word or expression in Column A with its Spanish equivalent in Column B.

A	B
1. commercial bank	a. la cuenta de ahorros
2. savings bank	b. el préstamo
3. savings and loan institution	c. el banco comercial
4. credit union	d. la cuenta a la vista
5. savings account	e. prestar
6. checking account	f. la casa de ahorros y préstamo
7. day-to-day account	g. el depósito
8. deposit	h. el pagaré
9. loan	i. pedir prestado
10. mortgage	j. la caja de ahorros
11. promissory note	k. la hipoteca
12. interest rate	l. la asociación cooperativa de crédito
13. to borrow	m. la cuenta corriente
14. to lend	n. la tasa de interés

Ejercicio 7   Answer the following questions personally.
1. ¿Tienes una cuenta corriente?
2. ¿Tienes una cuenta de ahorros?
3. ¿Es una cuenta a la vista o a plazo?
4. ¿En qué banco tienes la cuenta?
5. ¿Qué tipo de banco o institución financiera es?
6. ¿Cuál es la tasa de interés para la cuenta de ahorros?
7. ¿Eres dueño(-a) o propietario(-a) de tu casa?
8. ¿Tienes una hipoteca?

Ejercicio 8   Select the appropriate rejoinder to each of the following statements.
1. El necesita dinero.
   a. Lo va a pedir prestado.
   b. Lo va a pagar.
   c. Lo va a depositar en su cuenta corriente.
2. Ella puede pedir prestado dinero donde trabaja.
   a. Va a la caja de ahorros y préstamos.
   b. Va a un banco comercial.
   c. Va a una asociación cooperativa de crédito.

3. Quiere dinero para comprar una casa.
   a. Tiene que solicitar una hipoteca.
   b. Tiene que hacer un préstamo pequeño.
   c. Tiene que abrir una cuenta.
4. Quiere ingresar dinero en su cuenta de ahorros.
   a. Va a hacer un préstamo.
   b. Va a hacer un depósito.
   c. Va a sacar un pagaré.

Ejercicio 9   Match the English word or expression in Column A with its Spanish equivalent in Column B.

A	B
1. insurance company	a. la prima
2. policy	b. la compañía de seguros
3. premium	c. el asegurado
4. cash value	d. la póliza
5. insured	e. el valor en efectivo

Ejercicio 10   Answer the following questions personally.
1. ¿Tienes una póliza de seguros?
2. ¿Con qué compañía tienes la póliza?
3. ¿Cuál es la fecha de vencimiento de la prima?
4. ¿Paga dividendos la póliza?
5. ¿Se acumulan los dividendos?
6. ¿Rinden intereses los dividendos acumulados?
7. ¿Cuál es el valor actual en efectivo de la póliza?

COMPRENSION

Ejercicio 1   Answer.
1. ¿Qué son los ahorros?
2. ¿Cómo se transforman los ahorros en inversiones?
3. ¿Qué hacen los corredores?
4. ¿Qué es la ganancia para un negociante de un activo financiero?
5. ¿Cuáles son algunos intermediarios financieros?
6. ¿Por qué pueden los intermediarios financieros pedir prestadas grandes sumas de dinero?
7. ¿Qué promete hacer una compañía de seguros para el asegurado?
8. ¿Cómo tienen las pólizas de vida un elemento de ahorro?
9. ¿Qué compra la gente en un fondo mutualista?
10. ¿Puede el inversionista en un fondo mutualista vender sus acciones en el fondo cuando quiera?
11. ¿Por qué no se comercian las acciones de fondos mutualistas en el mercado secundario?

12. ¿Por qué quisiera o necesitaría una persona pedir prestado dinero a una compañía de préstamos?
13. ¿Qué reciben los accionistas?
14. ¿Cuál es la diferencia entre una acción común y una acción preferencial?

Ejercicio 2   Select the appropriate word(s) to complete each statement.
1. Un activo para uno es un (pasivo / fijo) para otro.
2. La persona que (compra / emite) un activo tiene una demanda contra sus rentas futuras.
3. Los (negociantes / corredores) compran y venden acciones u otros activos.
4. Hay más activos en los mercados (primarios / secundarios).
5. Los (bancos / mercados) de valores son intermediarios financieros.
6. (Los bancos comerciales / Las casas de ahorros y crédito) ofrecen más servicios financieros.
7. (Los bancos comerciales / Las casas de ahorros y crédito) reciben sus fondos solamente de las cuentas de ahorros de sus clientes.
8. Los fondos (de pensión / mutualistas) proveen rentas a las personas retiradas (jubiladas).
9. (Los bancos comerciales / Las compañías de préstamos) tienen tasas de interés más altas.
10. (Las acciones / Los bonos) son propiedad en la empresa.
11. (Una acción / Un bono) es una unidad de propiedad en la empresa.
12. (Las acciones / Los bonos) son una forma de deuda.
13. Las empresas (grandes / pequeñas) emiten títulos corporativos.
14. Las empresas (grandes / pequeñas) van a los bancos a hacer préstamos.
15. La compra y venta de acciones se efectúa en las (Bolsas de Valores / agencias de corredores).
16. Las compañías (grandes / pequeñas) venden sus acciones sobre el mostrador.

Ejercicio 3   Make a list of at least six types of investments.

Ejercicio 4   Make a list of at least six types of financial intermediaries.

Ejercicio 5   Make a list of at least six financial instruments.

Ejercicio 6   Describe the following terms.
1. los mercados primarios
2. los mercados secundarios
3. la asociación cooperativa de crédito
4. la prima
5. el fondo mutualista
6. el título corporativo

Capítulo 3
ORGANIZACIONES COMERCIALES

En los EE.UU. las grandes empresas son corporaciones. Se ven las siglas[1] *Inc.*— incorporado. En los países hispanos las grandes empresas son sociedades anónimas—S.A. Para comprender la idea de «corporación» o «sociedad anónima», hay que pensar en el concepto de «persona».

Persona física / Persona jurídica

La persona física es hombre o mujer. Tiene nombre y domicilio y ciertas responsabilidades para con el Estado. También existe la persona jurídica. La persona jurídica puede ser un club, una fundación o una empresa. La persona jurídica tiene nombre, *McGraw-Hill, Inc.,* domicilio, *New York, NY,* y una serie de responsabilidades.

Negocio de propiedad individual

En el mundo de los negocios la persona física tiende a ser dueño de un pequeño negocio— llamado «negocio de propiedad individual». El dueño no tiene que invertir en escrituras legales ni otros gastos en formalidades para establecerse. No tiene que responder a una junta de directores ni a accionistas. Es su propio jefe. Tiene que pagar impuestos sobre sus ganancias, pero las ganancias son suyas y no tiene que compartirlas[2] con nadie.

Las desventajas que tiene el negocio de propiedad individual, de persona física, son tres. El dueño tiene la responsabilidad personal por todos los pasivos de la empresa. Para cubrir las deudas de la empresa el propietario puede tener que vender su casa y sus efectos personales. Le falta la capacidad para reunir[3] grandes cantidades de dinero. No puede vender acciones ni emitir bonos. La empresa de persona física tiene la misma vida que su dueño. Cuando muere el propietario, muere el negocio.

Asociaciones

Una asociación tiene dos o más socios que son los dueños. Los socios se ponen de acuerdo sobre lo que cada uno va a invertir en la empresa. La inversión puede ser dinero, trabajo u otros bienes o servicios. Y determinan los beneficios que cada uno recibirá. Las ganancias de la asociación se reparten entre los socios y

---

[1]*abbreviation, initials*   [2]*share*   [3]*gather*

ellos pagan impuestos sobre ingreso personal. Hay dos tipos de asociaciones: asociaciones generales y asociaciones limitadas.

Asociación general En una asociación general cada uno de los socios es responsable por las deudas de la asociación. Las ganancias de la asociación se dividen de cualquier manera que quieran los socios.

Asociación limitada En una asociación limitada hay dos clases de socios. La asociación limitada tiene que tener por lo menos un socio general que es responsable por todas las deudas de la asociación. Los socios limitados invierten en la empresa y toman parte en las ganancias, pero sólo tienen responsabilidad para las deudas hasta el máximo de su inversión en la asociación.

Las ventajas de la asociación son: la posibilidad de juntar talentos y recursos complementarios, la facilidad con que se forma una asociación y la poca interferencia por parte del gobierno. Las desventajas son: el pasivo ilimitado de todos los socios excepto los socios limitados y la falta de permanencia. Si un socio se retira o muere se disuelve la asociación. Muchas asociaciones son bufetes de abogados[4] o grupos de contables. A veces tienen un acuerdo para que si un socio muere o se retira no hay que disolver la asociación. Los otros socios compran el interés del socio que se retira o heredan[5] la parte del socio muerto.

Sociedades anónimas / Corporaciones

El tercer tipo de organización comercial, y el que representa casi el 78% de las ganancias comerciales y sólo el 20% del número total de empresas, es la corporación o sociedad anónima. Estas clases de personas jurídicas pueden, igual que las personas físicas, comprar, vender y transferir propiedades; contratar, demandar y ser demandadas en las cortes. La sociedad anónima o corporación tiene cinco características. Es una persona jurídica. Tiene una vida ilimitada. Tiene derecho legal a participar en cierta rama comercial. La corporación es propiedad de sus accionistas y los accionistas son responsables por deudas sólo hasta el valor de sus acciones.

Corporación privada Además de las grandes corporaciones públicas cuyos dueños son miles o cientos de miles de accionistas, también hay corporaciones privadas que no venden sus acciones en el Mercado de Valores. Una corporación con menos de 500 accionistas o con menos de $1.000.000,00 en activos no tiene que rendir cuentas al público si no participa en el mercado de valores. La compañía Hallmark, los Hoteles Hyatt y la United Parcel Service *(UPS)* son corporaciones privadas.

Corporación «sin fines de lucro» Algunas corporaciones son de «fines no lucrativos». Estas corporaciones no tienen la maximización de valor como su meta principal. Sus metas no son económicas sino sociales o artísticas. El sistema de radio y teledifusión público, la *PBS*, es un ejemplo en los EE.UU.

Corporación subsidiaria Algunas corporaciones no son entidades independientes; son corporaciones subsidiarias. Sus acciones pertenecen a otra

---

[4]*lawyers' offices*   [5]*they inherit*

corporación que controla las operaciones de la compañía subsidiaria. Otro tipo de corporación es el «holding» o compañía tenedora. Los holding ejercen poco o ningún control sobre las corporaciones subsidiarias, sólo tienen las acciones como inversión.

La corporación o sociedad anónima tiene las siguientes ventajas. Tiene el pasivo limitado. Lo único que pueden perder los accionistas es el valor de sus acciones. Tiene la liquidez. Las inversiones en corporaciones públicas pueden convertirse en efectivo en los mercados de valores. Una corporación tiene vida ilimitada. Las desventajas de una corporación son éstas. Debe satisfacer el requisito legal de rendir cuentas al público. Este requisito a veces presiona a los directores a mostrar ganancias a corto plazo que pueden tener un impacto negativo a largo plazo. Una corporación debe pagar el costo de incorporación. Los costos legales y el «papeleo» que se requiere para incorporar y emitir acciones resulta caro. La corporación debe pagar también tasas altas de impuestos o tributos. Las tasas de contribuciones para corporaciones son más altas que para individuos o asociaciones.

Los accionistas son los dueños de las corporaciones pero no son todos iguales. Algunas acciones conllevan[6] el derecho al voto, otras no. Mientras más acciones con derecho al voto tiene el inversionista, más poder tiene. El accionista con pocas acciones en una gigantesca empresa como la Exxon tiene poquísimo poder. Los inversionistas institucionales, como los fondos de pensiones, las compañías de seguros y los fondos mutualistas, ejercen mucho poder. Hoy representan hasta el 25% del valor de las acciones y para el año 2000 se predice hasta el 50%.

Una vez al año las corporaciones invitan a sus accionistas a una reunión donde eligen directores y seleccionan un contable independiente para la auditoría de los estados financieros de la empresa. Los accionistas que no pueden asistir a la reunión pueden votar por medio de un apoderado. El apoderado es uno a quien se le da el derecho de usar su voto.

---

[6]*assume, bear*

ESTUDIO DE PALABRAS

Ejercicio 1   Study the following cognates that appear in this chapter.

la corporación	jurídico	establecer
la fundación	físico	disolver
el domicilio	individual	transferir
la serie	legal	contratar
la formalidad	personal	participar
la propiedad	limitado	controlar
la entidad	público	requerir
el impacto	independiente	
el costo	subsidiario	
	ilimitado	
	negativo	

Ejercicio 2 Match the verb in Column A with its noun form in Column B.

A	B
1. fundar	a. el establecimiento
2. establecer	b. el contrato
3. transferir	c. la transferencia
4. contratar	d. el control
5. participar	e. la fundación
6. controlar	f. la participación
7. requerir	g. la disolución
8. disolver	h. el requisito

Ejercicio 3 Give the word being defined.
1. de un individuo o una persona
2. lugar de residencia
3. lo que cuesta
4. ordenar, mandar, necesitar
5. tomar parte en

Ejercicio 4 Match the word in Column A with its opposite in Column B.

A	B
1. limitado	a. establecer
2. público	b. independiente
3. legal	c. positivo
4. negativo	d. ilimitado
5. disolver	e. ilegal
6. dependiente	f. privado

Ejercicio 5 Match the English word or expression in Column A with its Spanish equivalent in Column B.

A	B
1. business world	a. sin fines de lucro (no lucrativos)
2. earnings	b. el Mercado (la Bolsa) de Valores
3. taxes	c. demandar
4. assets	d. los impuestos
5. liabilities	e. rendir cuentas
6. corporation	f. el mundo de los negocios
7. partnership	g. el apoderado
8. partner	h. los activos
9. holding company	i. el contable
10. subsidiary	j. la sociedad anónima
11. nonprofit	k. el subsidiario
12. income	l. el socio
13. accountant	m. las ganancias

14. to file a suit
15. court
16. proxy
17. shareholder
18. Stock Market
19. to render accounts
20. paperwork
21. audit

n. el accionista
o. las cortes
p. los pasivos
q. el ingreso
r. la asociación
s. el papeleo
t. la compañía tenedora, el holding
u. la auditoría

Ejercicio 6   Select the appropriate word(s) to complete each statement.
1. Los accionistas venden y compran acciones en _____.
   a. la asociación   b. el Mercado de Valores   c. las cortes
2. _____ es una compañía que tiene muchos dueños.
   a. Una sociedad anónima   b. Un negocio   c. Una asociación
3. El individuo tiene que pagar impuestos sobre _____.
   a. sus acciones   b. sus ingresos   c. su contable
4. _____ son el capital y los bienes que tiene una empresa o un individuo.
   a. Los activos   b. Las acciones   c. Las ganancias
5. Y las deudas que tiene son _____.
   a. activos   b. pasivos   c. asociaciones
6. Una empresa tiene que pagar impuestos sobre sus _____.
   a. accionistas   b. ganancias   c. activos
7. Una asociación tiene dos o más _____.
   a. socios   b. accionistas   c. contables
8. Una organización caritativa *(charitable)* es una empresa _____.
   a. individual   b. anónima   c. sin fines de lucro
9. Una sociedad anónima puede demandar en _____.
   a. el mercado   b. las cortes   c. la empresa
10. El gobierno recauda _____.
    a. el ingreso   b. las ganancias   c. los impuestos

Ejercicio 7   Match the word or expression in Column A with its definition in Column B.

A	B
1. la escritura	a. sin beneficios
2. el apoderado	b. establecer
3. sin fines de lucro	c. dividir
4. la rama	d. el documento, el contrato
5. repartir	e. el que tiene el poder para representar a otro
6. fundar	f. la parte, la división

COMPRENSION

Ejercicio 1   True or false?
1. Una persona jurídica es un individuo que tiene nombre y domicilio.
2. Un negocio de propiedad individual es un negocio cuyo dueño o propietario es una sola persona física.
3. El dueño de un negocio de propiedad individual puede emitir bonos y vender acciones.
4. Un negocio de propiedad individual tiene que pagar impuestos sobre sus ingresos.
5. Una asociación limitada puede tener dos clases de socios.
6. El socio general de una asociación limitada sólo tiene la responsabilidad para las deudas hasta el máximo de su inversión en la sociedad.
7. Una corporación cuyos accionistas son exclusivamente inversionistas que no ejercen ningún control sobre la operación de la compañía es una compañía tenedora.
8. Lo único que pueden perder los accionistas de una corporación es el valor de sus acciones.
9. Un accionista con pocas acciones en una gran empresa puede tener mucho poder en la operación de la empresa.

Ejercicio 2   Give the word being defined.
1. una empresa cuyos dueños son miles de accionistas
2. una persona—hombre o mujer—con nombre y domicilio
3. un negocio que tiene dos o más socios
4. una corporación pequeña que no tiene que rendir cuentas al público
5. una corporación que no tiene como meta la maximización del valor
6. una corporación cuyas acciones pertenecen a otra corporación que controla sus operaciones

Ejercicio 3   Answer.
1. ¿Qué puede ser una persona jurídica?
2. ¿Cuál es la mayor desventaja que tiene el dueño de un negocio de propiedad individual?
3. ¿Entre quiénes se reparten las ganancias de una asociación?
4. ¿De qué se responsabiliza cada socio de una asociación general?
5. ¿Cuáles son algunas ventajas de una asociación?
6. ¿Cuántas veces al año tienen las corporaciones una reunión de sus accionistas?
7. ¿Qué hacen los accionistas durante esta reunión?

Capítulo 4
IMPUESTOS

Para llevar a cabo las actividades del sector público—la educación, la defensa nacional, el Seguro Social, las carreteras, etc.,—el Estado requiere fondos. El Estado recauda fondos principalmente por impuestos. En los EE.UU. los gobiernos federal, estatales y municipales dependen de impuestos. Los impuestos sobre rentas personales son la mayor fuente de dinero para el gobierno federal. Los impuestos sobre ventas y rentas personales son la mayor fuente para los Estados, y los impuestos sobre bienes raíces son la fuente más importante para los gobiernos municipales o locales.

Impuestos corporativos

Una fuente importante tanto para el gobierno federal como para los gobiernos estatales son los impuestos sobre ingresos corporativos. Estos representan casi el 10% de los ingresos federales y casi el 5% de ingreso estatal. El ingreso gravable de una corporación es el ingreso sobre el cual hay que pagar impuesto. Este ingreso es de dos tipos: ingreso por venta de activos de capital e ingreso ordinario. La ganancia o pérdida por venta de activos de capital es la diferencia entre el costo original de un activo financiero y el precio de venta. Si el precio de venta es superior, hay una ganancia de capital. Si es inferior al costo original, hay una pérdida de capital.

Depreciación y deducciones La depreciación económica es la disminución del valor de mercado de un activo en un período de tiempo, un año, por ejemplo. La depreciación tiene un impacto en los impuestos. La maquinaria, el equipo, hasta los edificios[1] pierden su valor o llegan a ser obsoletos y hay que reemplazarlos.

Las empresas pueden deducir de la totalidad de sus ingresos los costos de materiales, mano de obra y otros gastos cuando pagan los impuestos. Pero si una empresa compra una máquina por $50.000, no puede deducir esta cantidad el año en que se compra sino a plazos[2] a través de varios años. Recientemente el gobierno federal introdujo el término «recuperación de costo» como sustituto para «depreciación». Los años de vida de algunos activos, según el gobierno, son:

---

[1]*buildings*   [2]*in installments*

automóviles y camionetas[3]   4-5 años

equipo tecnológico

muebles[4] de oficina }   10-16 años

equipo agrícola[5]

casas y edificios de apartamentos   27,5 años

propiedades no residenciales   31,5 años

Ingreso ordinario y ganancia de capital Si la depreciación acumulada de un equipo que costó $50.000 hace 3 años es de $20.000, el valor hoy es de $30.000. Si ese equipo ahora se vende por $40.000, toda la ganancia—la diferencia entre el valor actual ($30.000) y el precio de venta ($40.000)—es ingreso ordinario ($10.000). Si el mismo equipo se vendiera por más de su costo original de $50.000, $60.000 supongamos, entonces la diferencia entre el valor actual ($30.000) y el costo original ($50.000) es ingreso ordinario de $20.000. La diferencia entre el costo original de $50.000 y el precio de venta de $60.000 es ganancia de capital de $10.000. La importancia que tienen estas diferencias entre ingreso ordinario y ganancia de capital es la diferencia entre las tasas de impuestos. El ingreso ordinario se grava a una tasa de 39% y la ganancia de capital a un 34% para cierta categoría de empresa (empresas con ingresos gravables entre $100.000 y $335.000).

Pérdida ordinaria y pérdida de capital En el caso de que se vendiera un activo depreciable por menos de su valor actual, la diferencia entre el valor actual y el precio de venta se considera pérdida ordinaria y se deduce de los ingresos ordinarios gravables.

Dividendos Los accionistas tienen que pagar impuestos sobre los dividendos que reciben. Los dividendos se gravan con las mismas tasas que las ganancias de capital. Los impuestos sobre dividendos se pagan el año en que se reciben. Los impuestos sobre ganancias de capital se pagan sólo cuando se venden las acciones.

Ingreso gravable corporativo

Las corporaciones pagan intereses a los portadores de sus bonos y a los bancos y otras instituciones donde han hecho préstamos. Estos intereses son deducibles del ingreso ordinario. No son deducibles los dividendos que se pagan a los accionistas aunque los accionistas tienen que pagar impuestos sobre los dividendos recibidos. Esto afecta como deciden levantar[6] capital las empresas. Las empresas retienen[7] parte de los sueldos de los empleados para el pago de los impuestos al ingreso personal. Pero las empresas también tienen que pagar los impuestos corporativos por adelantado[8]. Esto se hace con el pago de impuestos en abonos. La empresa calcula su ingreso gravable para el año y paga al gobierno una cuarta parte los días 15 de abril, junio, septiembre y diciembre. La empresa debe pagar la misma cantidad que el año anterior. Si hay una diferencia entre los dos años, se paga la diferencia el 15 de marzo del siguiente año. Si la empresa no paga los impuestos en abonos, se expone[9] a multas.

---

[3]*vans*   [4]*furniture*   [5]*farm equipment*   [6]*to raise*   [7]*retain*   [8]*in advance*
[9]*it risks, is subject to*

Porque las condiciones financieras de una empresa pueden variar grandemente de un año a otro, el gobierno permite que se proactiven[10] las pérdidas netas durante un período de 18 años. Así, si en un año se pierde $1.000, y al año siguiente la utilidad o ganancia es de $1.000, la utilidad queda en cero y no hay que pagar impuesto. Cada año se calcula el promedio[11] de utilidad y sobre ese promedio se paga el impuesto.

Ingreso personal gravable

En los EE.UU. cada residente tiene que pagar al gobierno federal un impuesto al ingreso personal. El ingreso personal no se limita a los sueldos o salarios. Incluye también las propinas[12] (muy importantes en el caso de los camareros, taxistas, etc.), el ingreso que se recibe en forma de intereses (cuentas de ahorro, bonos, certificados de depósito, etc.), rentas, regalías (dinero que se recibe como regalo) y pensiones por divorcio[13]. Todo se suma al ingreso bruto para luego calcular el pasivo fiscal del ingreso del individuo.

Ingreso bruto ajustado Después de calcular el ingreso bruto se aplican unos ajustes. Estos ajustes reducen el total del ingreso bruto e incluyen los siguientes: gastos de mudanza[14] (si el contribuyente tuvo que mudarse en conexión con su trabajo), gastos de los empleados del negocio, contribuciones a pensiones por divorcio y contribuciones a una cuenta individual de retiro. Se suman los ajustes y se resta esta suma del ingreso bruto, lo cual nos da el ingreso bruto ajustado.

Del ingreso bruto ajustado se restan las exenciones personales y las deducciones. La exención personal en los EE.UU. es de $1.000 para el contribuyente y $1.000 para cada persona dependiente. Si el contribuyente es ciego[15] o si tiene más de 65 años de edad, el gobierno le concede[16] una exención adicional de $1.000. Las deducciones pueden ser pormenorizadas o se puede tomar una deducción fija o estándar. Entre las deducciones pormenorizadas figuran los intereses pagados por hipoteca[17], contribuciones caritativas y otras.

Ingreso gravable Lo que queda después de las exenciones y deducciones al ingreso bruto ajustado es el ingreso gravable sobre el cual se calcula la contribución a pagar. La tasa de impuesto sube según el ingreso gravable del contribuyente.

LA TASA DE IMPUESTO
PARA MATRIMONIOS[18]

El ingreso gravable	La tasa de impuesto
$0-$29.750	15%
$29.751-$71.900	28%
$71.901-$149.250	33%
más de $149.250	28%

---

[10]*prorate* [11]*average* [12]*tips* [13]*alimony payments* [14]*moving expenses* [15]*blind*
[16]*allows* [17]*mortgage* [18]*married couples*

ESTUDIO DE PALABRAS

Ejercicio 1 Study the following cognates that appear in this chapter.

la educación	federal	reemplazar
la defensa nacional	municipal	deducir
el capital	obsoleto	acumular
la depreciación	acumulado	
la disminución	deducible	
la totalidad	estándar	
el material	fijo	
el dividendo		
la exención		
el dependiente		

Ejercicio 2 Match the word or expression in Column A with a related term in Column B.

A
1. las escuelas
2. las fuerzas aéreas, la marina, el ejército
3. de la ciudad o del municipio
4. una disminución en el valor
5. restar
6. no utilizable por su edad o antigüedad
7. lo que se necesita para hacer algo
8. lo que pagan las acciones y otras clases de inversiones
9. la totalidad de los recursos y bienes que tiene un individuo o una empresa
10. lo que se puede deducir

B
a. municipal
b. deducir
c. el material
d. el dividendo
e. la educación
f. la depreciación
g. la defensa nacional
h. obsoleto
i. deducible
j. el capital

Ejercicio 3 Match the English word or expression in Column A with its Spanish equivalent in Column B.

A
1. Social Security
2. to collect
3. taxes
4. state
5. personal income
6. gross income
7. adjusted gross income

B
a. estatal
b. el ingreso gravable
c. el abono
d. los impuestos
e. los bienes raíces
f. la renta (el ingreso) personal
g. gravarse

8. taxable income
9. taxpayer
10. to itemize
11. ordinary income
12. capital gain
13. sales
14. real estate
15. installment (payment)
16. fine
17. to add up
18. to be taxed, liable
19. sales tax
20. profit

h. el Seguro Social
i. pormenorizar
j. las ventas
k. el ingreso bruto
l. la multa
m. el contribuyente
n. recaudar
o. sumar
p. el ingreso ordinario
q. el ingreso bruto ajustado
r. el impuesto sobre ventas
s. la ganancia de capital
t. la utilidad

NOTE The following words have several meanings in English. Although this can be confusing at times, you can usually determine the meaning of the word by its use in the sentence.

income   la renta, las rentas, el ingreso, los ingresos
earnings las rentas, los ingresos, las ganancias
profit   el beneficio, los beneficios, la utilidad, la ganancia, las ganancias, el lucro

Ejercicio 4   Complete each statement with the appropriate word(s).
1. _____ paga una pensión a los mayores de 62 años.
2. El gobierno _____ los impuestos.
3. Los individuos y las empresas tienen que pagar _____ al gobierno.
4. En los Estados Unidos hay impuestos federales, _____ y _____.
5. El que paga impuestos es _____.
6. Si uno no quiere tomar una deducción fija, se pueden _____ las deducciones.
7. El ingreso bruto ajustado de un individuo es el ingreso _____.
8. La ciudad de Nueva York tiene impuestos sobre _____ del 8,25%.
9. Los gobiernos locales reciben la mayoría de sus fondos por los impuestos sobre _____.
10. Si uno paga sus impuestos trimestralmente, los paga en _____.

Ejercicio 5   Complete each expression with the appropriate word(s).
1. to itemize deductions   _____ las deducciones
2. to subtract exemptions   restar _____
3. to pay in installments   pagar _____
4. real estate is taxed   se gravan _____
5. taxable capital gains   las ganancias de capital _____

COMPRENSION

Ejercicio 1   True or false?
1. La mayor fuente de los fondos para el gobierno federal son impuestos sobre ingresos personales.
2. La mayor fuente de los fondos para el gobierno estatal son impuestos sobre bienes raíces.
3. Las empresas pueden deducir de sus ingresos los costos de materiales, la mano de obra y otros gastos relacionados con la producción de un bien o servicio.
4. Las empresas pueden deducir el costo total de una máquina el año en que la compran.
5. Los dividendos que reciben los accionistas son libres de impuestos.
6. Los intereses que paga una corporación a los portadores de sus títulos (bonos) son deducibles de los ingresos de la corporación.
7. Y los dividendos que pagan a sus accionistas son deducibles también.
8. Las empresas tienen que pagar sus impuestos corporativos por adelantado.

Ejercicio 2   Answer.
1. ¿Por qué requiere fondos el Estado (gobierno)?
2. ¿Cómo recauda los fondos el gobierno?
3. ¿Qué representa el 10% de los impuestos federales?
4. ¿Qué es la depreciación?
5. ¿Por qué es importante la diferencia entre ingreso ordinario y ganancia de capital?
6. ¿Qué pagan las corporaciones a los portadores (tenedores) de sus bonos?
7. ¿Por qué retienen parte de los sueldos de los empleados las empresas?
8. ¿Cómo paga sus impuestos una empresa?
9. ¿Por qué permite el gobierno que una empresa proactive sus pérdidas netas?
10. Explique lo que es el ingreso bruto ajustado.

Ejercicio 3   Give the Spanish equivalent for each of the following terms.
1. federal, state, and local taxes
2. personal income tax
3. real estate tax
4. sales tax
5. corporate tax
6. capital gains tax

Ejercicio 4   Follow the directions.
1. Make a list of taxable items.
2. Make a list of deductible items.

Capítulo 5
VALOR DEL DINERO
A TRAVES DEL TIEMPO

Un dólar, es un dólar, es un dólar. Pues, no. El dólar de hoy, si lo deja en una cuenta de ahorros es más o menos $1,08 en un año. El dinero tiene un valor temporal, cambia con el tiempo. Cuando se compra un activo financiero, el beneficio que se compra es un flujo de efectivo futuro, como son los intereses y los dividendos. Los compradores y los vendedores en los mercados de valores determinan el precio de un valor. El precio es el máximo que los compradores están dispuestos[1] a pagar por el flujo de efectivo futuro que ese valor producirá.

Valor presente y valor futuro

Muy importantes son los conceptos de valor presente y valor futuro. El valor presente es el valor del dinero en un momento dado que no se pagará ni se recibirá hasta una fecha en el futuro. El valor futuro es el valor de dinero que se recibió en el pasado en una fecha futura.

Tasas de interés Un ejemplo: Supongamos que para unas vacaciones el año que viene Ud. va a necesitar $1.200. El banco le paga una tasa de interés del 5% anual. ¿Cuánto tiene que depositar en el banco ahora para tener los $1.200 el año que viene?

Si F = valor futuro,
   P = valor presente y
   i = tasa de interés,
entonces P = F/1 + i.
Si P = $1.200/1,05
entonces P = $1.142,86.

El valor presente de $1.200 que se recibirá en un año con tasa de interés del 5% es $1.142,86.

Interés compuesto El cálculo es sencillo porque es para un año. Si es para más de un año y el interés es compuesto, es algo más complicado. La fórmula para

---

[1]*ready, willing*

calcular el interés compuesto es $F = P(1 + 1)^n$, cuando «n» representa el número de períodos de tiempo. Otra vez:

P = valor presente,
F = valor futuro,
i = tasa de interés y
n = número de períodos de tiempo.

El interés compuesto es, sencillamente, el interés pagado sobre los intereses. Otro ejemplo:

Si se invierte $1,00 al 10% compuesto, el valor después de

1 período de tiempo (n)   es $1,10.
2 períodos   es $1,21.
3 períodos   es $1,33.
4 períodos   es $1,46.

Si en lugar de $1,00 se invierte $1.000, los valores son

1 período $1.100,00.
2 períodos $1.210,00.
3 períodos $1.331,00.
4 períodos $1.464,10.

Con una tasa de interés del 6% al año compuesto, una inversión tendrá el doble de su valor en 12 años. Para calcular el tiempo que se necesita para duplicar[2] la cantidad de la inversión se usa la «regla de 72». Divida la tasa de interés compuesto por 72 y le dará el número de años (aproximadamente) para duplicar la inversión. Ejemplo: al 6%, 72/6(%) = 12 (años).

Anualidades Las anualidades son pagos periódicos de igual cantidad. Las anualidades más comunes son los pagos que hacen los dueños de una casa al banco para la hipoteca. Pagan la misma cantidad cada mes durante 20 o 30 años. En el caso de la hipoteca se calculan los intereses compuestos más los pagos para retirar la deuda. Aunque los pagos son de igual cantidad durante el período total, la proporción que se dedica a los intereses y la proporción al retiro de la deuda varían. La proporción para intereses es cada vez menos y la proporción para retirar la deuda es mayor.

Hay una serie de fórmulas para calcular los valores presente y futuro según las tasas de interés y los períodos de tiempo. Lo importante es saber que las tasas de interés dan al dinero su valor temporal. Es importante saber el valor presente y futuro del dinero cuando se invierte dinero para recibir efectivo en el futuro y cuando se hacen préstamos ahora al costo de menos efectivo en el futuro.

Porque el flujo de efectivo, o «cash flow», es crítico para una empresa, los valores presente y futuro del dinero son críticos también. Si los clientes demoran[3] 6 meses en pagar los mil dólares que deben, la empresa pierde $50,00 porque esos $1.000 invertidos al 10% son $1.050 en 6 meses. Si se calcula bien el valor futuro de sus inversiones, la empresa puede saber el estado futuro de su flujo de efectivo.

---

[2] *to double*   [3] *delay*

ESTUDIO DE PALABRAS

Ejercicio 1   Study the following cognates that appear in this chapter.

el interés	el cálculo	el concepto
el dividendo	el doble	el dólar
el máximo	el período	

Ejercicio 2   Complete each statement with the appropriate word(s).

1. ¡Espere! Tengo que hacer los _____ —$1.000 a una tasa de interés del 10% por 2 años son $1.210.
2. A una tasa de interés del 6% una inversión hecha hoy valdrá el _____ en 12 años.
3. Un _____ de 12 meses es un año.
4. Una cuenta en el banco paga _____ y las acciones en una corporación pagan _____.
5. Es el _____ que pagará. Le aseguro que no está dispuesto a pagar un dólar más.
6. En este momento el _____ canadiense vale un poco menos que el dólar estadounidense.

Ejercicio 3   Match the English word or expression in Column A with its Spanish equivalent in Column B.

A	B
1. time value	a. el flujo de efectivo
2. present value	b. la anualidad
3. future value	c. la inversión
4. cash flow	d. el vendedor
5. interest rate	e. el valor temporal
6. compound interest	f. el retiro de la deuda
7. investment	g. el comprador
8. debt	h. el valor presente
9. loan	i. la tasa de interés
10. deduction from the principal	j. el préstamo
11. annual payment	k. el valor futuro
12. buyer	l. la deuda
13. seller	m. el interés compuesto

Ejercicio 4   Give the word or expression being defined.

1. el que vende
2. el que compra
3. el dinero que alguien debe
4. el dinero que uno pide prestado
5. una acción o un bono (título)
6. el interés pagado sobre intereses

COMPRENSION

Ejercicio 1   Answer.
1. ¿Es verdad que un dólar es un dólar?
2. ¿Por qué no?
3. ¿Quiénes determinan el precio de un valor?
4. ¿Qué es el precio?
5. ¿Por qué tiene el dinero un valor temporal?
6. ¿Qué es el interés compuesto?
7. ¿Qué es la «regla de 72»?
8. ¿Qué es una anualidad?
9. ¿Cuál es una anualidad común?
10. Al tomar una hipoteca, ¿la proporción de la anualidad que se dedica al retiro de la deuda es grande o pequeña?
11. ¿Qué da al dinero su valor temporal?

Ejercicio 2   In your own words, explain each of the following terms.
1. el valor presente del dinero
2. el valor futuro del dinero
3. el interés compuesto

Capítulo 6
TECNICAS DE PRESUPUESTO DEL CAPITAL

Los activos de capital son la maquinaria, las plantas, los medios de transporte, camiones[1], por ejemplo, y cualquier otro equipo que emplean las empresas en la producción de bienes y servicios y que, por lo general, duran[2] y se utilizan durante varios años. En los EE.UU. las empresas invierten unos 300.000 millones de dólares anuales en activos de capital. Porque el gasto que representan los activos de capital es tan enorme, las empresas planifican y evalúan con mucho cuidado los activos de capital que van a adquirir. El plan que se prepara se llama «el presupuesto del capital». El proceso mediante el cual se determinan los activos de capital que se van a adquirir y cuánto se va a pagar por esos activos se llama «la presupuestación de capital».

El presupuesto del capital

Los presupuestos que preparan las empresas son de corto plazo y largo plazo. Muchas empresas preparan presupuestos del capital que proyectan hasta 5 y 10 años en el futuro. Estos presupuestos se basan en los pronósticos de ventas futuras y el equipo y la planta necesaria para satisfacer esa demanda. En el presupuesto del capital aparecen ítemes que proponen los gerentes o directores de departamentos o divisiones. Estas propuestas, con la documentación que las apoya, se le presenta a la alta administración para su consideración. También la alta administración propone ítemes para el presupuesto del capital. El proceso presupuestario, cuando se trata de nuevos proyectos, incluye mucha discusión entre los altos funcionarios u oficiales de la corporación y los gerentes y directores de los departamentos o divisiones que tendrán responsabilidad por los nuevos proyectos. Los altos funcionarios estudian todas las propuestas que se les somete y escogen las que consideran las mejores. Entonces se prepara el presupuesto del capital que se entrega[3] a la junta de directores para que ellos lo aprueben.

Presupuestación de capital

Los sistemas de presupuestación de capital donde las propuestas vienen de la alta administración se llaman sistemas de «top-down» o de «arriba para abajo». Los sistemas donde las propuestas originan a nivel de departamento se llaman

---

[1]*trucks* [2]*last* [3]*is given*

sistemas de «bottom-up» o de «abajo para arriba». Se debe notar que muchas empresas no requieren propuestas a la alta administración cuando se trata de gastos inferiores a cierto límite para activos de capital, $50.000 por ejemplo. El proceso de presupuestación de capital requiere constante revisión porque las condiciones económicas cambian constantemente. La información que recibe la empresa sobre nueva tecnología, cambios en la demanda de su producto y los costos de producción resultan en cambios en los planes para inversiones y, por consiguiente, en los presupuestos de capital a largo y corto plazo.

Criterios usados para evaluar una inversión

¿Cómo se decide entre varias propuestas? ¿Cuáles son los criterios que se usan?

Analizar el flujo de efectivo Los costos y beneficios de un proyecto se miden[4] con el flujo de efectivo. El flujo de efectivo es el dinero que paga o recibe la empresa como resultado del proyecto. Dado que el flujo de efectivo de un proyecto es el cambio en el total del flujo de efectivo para una empresa que se atribuye[5] a esa inversión, un método para calcular el flujo de efectivo de una inversión es comparar el flujo de efectivo de la empresa con o sin esa inversión. La diferencia entre los dos es el flujo de efectivo adicional que resulta de la inversión.

Hay tres pasos a seguir para determinar y analizar el flujo de efectivo de una inversión. Hay que determinar el cambio en el flujo de efectivo de la empresa que resulta del nuevo activo. Hay que mostrar la cantidad del flujo de efectivo y cuando ocurre. Hay que analizar también el flujo de efectivo según el valor presente neto o la tasa interna de rendimiento.

El valor presente del flujo de efectivo es lo que vale en dólares hoy. Se emplea el principio de descuento de dólares futuros tomando en cuenta la tasa de interés apropiada. Esta tasa de interés (o descuento) es el costo de capital.

La regla[6] de valor presente dicta que se haga una inversión sólo si el valor presente del flujo de efectivo futuro es mayor que el costo de la inversión. Es decir, que tiene un valor presente neto.

el valor presente neto (VPN)	=	el valor presente del flujo de efectivo futuro (el costo inicial)

Cuando hay que elegir entre dos alternativas, la regla del valor presente neto indica que la alternativa con mayor VPN es preferible y se acepta sólo y cuando su VPN es positivo.

También se puede analizar el flujo de efectivo con la tasa interna de rendimiento. La tasa de rendimiento se define como la tasa de interés que es igual al valor presente de los flujos de efectivo esperados en el futuro, o ingresos, con el desembolso inicial del costo.

---

[4]*are measured*   [5]*commits itself*   [6]*rule*

Determinar el período de recuperación Para elegir entre proyectos, otro método que se usa es el del período de recuperación. El período de recuperación es el número de años necesarios para recuperar el capital que se invirtió en el proyecto inicialmente. Este método presenta varias desventajas. Por ejemplo, no considera todos los flujos de efectivo y no los descuenta. Pero el método es fácil de usar.

Calcular el rendimiento sobre la inversión *(ROI)* o los activos *(ROA)* Otra técnica es la de rendimiento sobre la inversión o rendimiento sobre los activos. Para calcularlo se promedian los flujos de efectivo que se esperan a lo largo de la vida de un proyecto, y después se divide el flujo anual de efectivo promedio entre el costo inicial de la inversión. Una desventaja de este método es que no considera el valor del dinero a través del tiempo.

Riesgo

En una economía dinámica siempre existe la incertidumbre[7] sobre el futuro. Por eso los empresarios tienen que aceptar el riesgo. Las ganancias o los beneficios son, en cierto modo, el pago por asumir el riesgo. Contra algunos riesgos se puede asegurar: incendios[8], inundaciones[9], accidentes, etc. Son los otros riesgos que se deben asumir, los que resultan de los cambios incontrolables e inesperados en la oferta y la demanda, contra los que no hay seguros. Muchos riesgos acompañan los cambios en el ciclo económico o comercial. La prosperidad trae beneficios a las empresas y la depresión resulta en grandes pérdidas. Pero también, hasta en épocas prósperas, ocurren cambios en la disponibilidad de recursos, cambios en los gustos de los consumidores, cambios en la política fiscal, que afectan a las empresas. Los beneficios y las pérdidas se relacionan con los riesgos que resultan de los cambios cíclicos y estructurales en la economía.

---

[7]*uncertainty*   [8]*fires*   [9]*floods*

ESTUDIO DE PALABRAS

Ejercicio 1   Study the following cognates that appear in this chapter.

las plantas	«top-down»	planificar
el proceso	«bottom-up»	evaluar
la proyección	la revisión	proyectar
la demanda	el criterio	determinar
el ítem	la alternativa	analizar
el director	la prosperidad	definir
el departamento		calcular
la división	constante	
la documentación	incontrolable	
el proyecto		

Ejercicio 2 Match the verb in Column A with its noun form in Column B.

A	B
1. evaluar	a. la planificación
2. planificar	b. el análisis
3. dividir	c. la proyección
4. revisar	d. la división
5. analizar	e. la evaluación
6. calcular	f. el cálculo
7. documentar	g. la revisión
8. proyectar	h. la documentación

Ejercicio 3 Match the English word in Column A with its Spanish equivalent in Column B.

A	B
1. to project	a. la proyección
2. projection	b. proyectar
3. project	c. el proyecto

Ejercicio 4 Give the word being defined.
1. estudiar detalladamente
2. calificar
3. de siempre, contínuo
4. hacer o tomar una resolución
5. una parte de una empresa
6. la opción
7. el gerente
8. hacer planes
9. hacer un análisis de algo
10. la regla, la razón

Ejercicio 5 Match the English word or expression in Column A with its Spanish equivalent in Column B.

A	B
1. capital assets	a. el flujo de efectivo
2. capital budget	b. el período de recuperación
3. capital budgeting	c. la tasa de interés
4. budgetary process	d. el rendimiento sobre los activos
5. cash flow	e. la tasa interna de rendimiento
6. present net value	f. los activos de capital
7. interest rate	g. los ingresos
8. discount	h. la presupuestación de capital

9. internal rate of return	i. el valor de salvamento
10. cost of capital	j. el proceso presupuestario
11. initial outlay	k. el rendimiento sobre la inversión
12. payback period	l. el valor del dinero a través del tiempo
13. breakeven point	m. el presupuesto del capital
14. income	n. el costo de capital
15. return on investment	o. el valor presente neto
16. return on assets	p. el punto de equilibrio
17. time value of money	q. el descuento
18. salvage value	r. el desembolso inicial

Ejercicio 6   Select the appropriate word(s) to complete each statement.
1. La maquinaria, las plantas y los medios de transporte que tiene una empresa son _____.
   a. los gastos   b. los activos de capital   c. las inversiones
2. El plazo de tiempo que toma para recuperar los gastos de producción de un bien es el _____.
   a. valor presente neto   b. rendimiento sobre la inversión
   c. período de recuperación
3. El plan que se prepara para planificar y evaluar los activos de capital de la empresa es el _____.
   a. descuento   b. presupuesto del capital   c. costo de capital
4. El dinero que recibe la empresa son los _____.
   a. ingresos   b. gastos   c. valores
5. La salida y el ingreso de dinero es el _____.
   a. desembolso inicial   b. valor de salvamento   c. flujo de efectivo
6. Lo que vale, por ejemplo, una máquina después de usarla por un período específico de tiempo, es _____.
   a. el valor de salvamento   b. la presupuestación   c. el rendimiento
7. Los gastos inmediatos por la producción de un bien es (son) _____.
   a. los ingresos   b. el costo   c. el desembolso inicial
8. Lo que beneficia la empresa de una inversión en la producción de un bien es _____.
   a. la tasa de interés   b. el rendimiento sobre los activos
   c. el rendimiento sobre la inversión
9. El número de unidades que la empresa tiene que vender de un producto para recuperar la inversión es el _____.
   a. desembolso inicial   b. período de recuperación
   c. punto de equilibrio

Ejercicio 7   Give the Spanish equivalent for each of the following words.
1. budget
2. budgeting
3. budgetary
4. return
5. value
6. outlay
7. cost
8. rate
9. flow
10. discount

Ejercicio 8   Match the English word or expression in Column A with its Spanish equivalent in Column B.

A	B
1. machinery	a. los costos y beneficios
2. equipment	b. lo largo de la vida del proyecto
3. sale	c. el equipo
4. production cost	d. la política fiscal
5. cost and profit	e. la venta
6. availability	f. la maquinaria
7. life of the project	g. la disponibilidad
8. fiscal policy	h. el costo de producción

Ejercicio 9   Complete each statement with the appropriate word(s).
1. Lo que cuesta producir algo es _____.
2. La manera en que se usa el dinero, etc., es _____.
3. La acción de vender es _____.
4. El balance tiene mucho que ver con _____.
5. La _____ de efectivo significa que hay dinero que se puede gastar ahora.

Ejercicio 10   Match the English word in Column A with its Spanish equivalent in Column B.

A	B
1. to obtain	a. asumir
2. to propose	b. el pronóstico
3. to forecast	c. adquirir
4. to support	d. la propuesta
5. to submit	e. pronosticar
6. to average	f. proponer
7. to assume	g. apoyar
8. forecast	h. el riesgo
9. proposal	i. someter
10. risk	j. promediar

Ejercicio 11 Complete each expression with the appropriate word(s).
1. to forecast sales   _____ las ventas
2. to assume risk   _____ el riesgo
3. to propose a budget   _____ un presupuesto
4. to support the plan   _____ el plan
5. to average the cost   _____ el costo
6. to obtain the cash   _____ el efectivo

Ejercicio 12 Give the word being defined.
1. soportar
2. obtener
3. la conjetura acerca de una cosa futura
4. predecir el futuro
5. presentar una idea o un plan
6. la proposición
7. establecer un término medio

COMPRENSION

Ejercicio 1   True or false?
1. Las empresas no invierten grandes cantidades de dinero en activos de capital.
2. El presupuesto del capital es siempre de corto plazo.
3. Sólo los altos funcionarios de una empresa preparan el presupuesto del capital.
4. Antes de tomar una decisión sobre la inversión en la producción de un bien, una empresa comparará el flujo de efectivo con y sin la inversión.
5. Se debe hacer una inversión sólo si el valor presente del flujo de efectivo futuro es mayor que el costo de la inversión.

Ejercicio 2   Answer.
1. ¿Qué son los activos de capital?
2. ¿En qué se basan los presupuestos del capital a largo plazo que se proyectan hasta 5 o 10 años en el futuro?
3. ¿Quiénes proponen los ítemes que aparecen en el presupuesto del capital?
4. ¿Por qué requiere constante revisión el proceso de presupuestación de capital?
5. ¿Qué es el valor presente del flujo de efectivo?
6. ¿Por qué tienen que aceptar los empresarios un factor de riesgo en cualquier inversión que se haga?
7. En cierta manera, ¿cuál es el pago por el riesgo que se toma?

Ejercicio 3   Complete each statement with the appropriate word(s).
1. El plan que la empresa prepara para indicar las inversiones en activos de capital que se harán es _____.
2. El proceso mediante el cual se determinan los activos de capital que se van a adquirir y lo que se va a pagar por su adquisición es _____.
3. _____ tiene que aprobar el presupuesto del capital.
4. _____ es el dinero que paga o recibe la empresa como resultado de un proyecto.
5. _____ es el número de años necesarios para recuperar el capital inicial que se invirtió en un proyecto.
6. _____ se relacionan con los riesgos que resultan de los cambios en la economía.

Ejercicio 4   In your own words, explain each of the following terms.
1. el sistema de presupuestación «bottom-up»
2. el sistema de presupuestación «top-down»
3. el costo de capital
4. VPN
5. *ROI*

Capítulo 7
ANALISIS DE RAZONES FINANCIERAS

Estados financieros

Una empresa bien dirigida se aprovecha de[1] toda la información necesaria. Los estados financieros son críticos para saber, en cualquier momento, la condición financiera de la empresa. Sin esta información, la planificación efectiva es imposible. El documento básico es el balance general.

Balance general/Hoja de balance El formato del balance general es el siguiente. Primero se muestran los activos por orden de liquidez creciente[2]. Los que están más arriba[3] en el balance son los que se convierten en efectivo más rápidamente, en menos de un año. Estos se llaman «activos circulantes» o «activos corrientes». Los activos que no se esperan convertir en menos de un año son «activos fijos»: planta y equipo. Estos aparecen más abajo[4] en el estado financiero.

Los derechos sobre activos se presentan de la misma manera. Arriba están los derechos que vencerán y que tendrán que pagarse pronto, dentro de un año, y se llaman «pasivos circulantes». Más abajo están las utilidades retenidas, como las acciones o el capital común y las utilidades retenidas.

MUNDIMAR S.A.
Hoja de balance
31 de diciembre, 1992

Activos

Efectivo		$ 52.000
Valores negociables		$ 175.000
Cuentas por cobrar		$ 250.000
Inventarios		$ 355.000
Total activos circulantes		$ 832.000
Planta y equipo, bruto	$1.610.000	
Menos depreciación	$ 400.000	
Planta y equipo, neto		$1.210.000
Total activos		$2.042.000

---

[1]*takes advantage of* [2]*increasing* [3]*above* [4]*below*

Derechos sobre los activos

Cuentas por pagar	$	87.000
Documentos por pagar (@ 10%)	$	110.000
Pasivos devengados	$	10.000
Provisión para impuestos federales	$	324.300
Documentos por pagar @ 12%	$	110.000
Total pasivos circulantes	$	342.000
Bonos de primera hipoteca @ 8%	$	520.000
Bonos a largo plazo @ 10%	$	200.000
Capital común (200.000 acciones) $600.000		
Utilidades retenidas $380.000		
Total capital contable	$	980.000
Total derechos sobre los activos	$2.042.000	

Estado de resultados El otro documento financiero de suma importancia es el estado de resultados. En la parte de arriba se muestran las ventas. De las ventas se deducen los diferentes costos incluyendo los impuestos para llegar al ingreso neto disponible[5] de los accionistas comunes. El número que aparece en la última línea representa las utilidades por acción, que es el ingreso neto dividido entre el número de acciones en circulación.

MUNDIMAR S.A.
Estado de resultados para 1992

Ventas netas	$4.000.000	
Costo de bienes vendidos	$2.555.000	
Utilidad bruta	$	445.000
Menos gastos de operación		
Gastos de ventas $22.000		
Gastos generales y de administración $40.000		
Pagos de arrendamiento al edificio de la oficina[6] $28.000	$	90.000
Ingreso bruto en operación	$	355.000
Depreciación	$	100.000
Ingreso neto en operación	$	255.000
Otros ingresos y gastos excepto intereses	$	15.000
Menos gastos de intereses		
Intereses sobre los documentos por pagar $10.000		
Interés sobre la primera hipoteca $40.000		
Interés sobre los bonos a corto plazo $20.000	$	70.000
Ingreso neto antes de impuestos	$	200.000
Impuestos federales (@ 40%)	$	80.000
Ingreso neto, después de impuestos disponible para los accionistas comunes	$	120.000
Utilidades por acción *(EPS)*	$	0,60

[5]*available*   [6]*office building*

Estado de utilidades retenidas   Una empresa puede emplear las utilidades de dos maneras. Puede pagarlas a los accionistas en forma de dividendos o puede invertirlas de nuevo en el negocio[7]. Para el accionista el dividendo es dinero que recibe y puede utilizar. Pero la reinversión de las utilidades por la empresa resulta en un aumento[8] del valor de la posición del accionista dentro de la empresa. El efecto de los dividendos y de las utilidades retenidas sobre el balance general aparece en otro documento, el estado de utilidades retenidas. Aquí se registran el saldo de utilidades retenidas del año anterior más el ingreso neto del año corriente, menos los dividendos para los accionistas y el saldo de utilidades retenidas para el año corriente.

Tipos básicos de razones financieras

La gente que tiene que analizar la condición financiera de una empresa se vale de diferentes razones según su interés. Los acreedores a corto plazo se interesan en la liquidez de la empresa y en su rentabilidad a corto plazo. Los accionistas y poseedores de bonos a largo plazo se interesan en el futuro tanto como el presente.

Razones de liquidez   Estas miden[9] la capacidad que tiene la empresa para satisfacer las obligaciones a corto plazo.

Razones de apalancamiento   Estas miden la capacidad que tiene la empresa para satisfacer obligaciones a corto y a largo plazo, o sea, el total de su deuda.

Razones de actividad   Estas miden la intensidad con la cual la empresa usa sus recursos.

Razones de rentabilidad   Estas miden los rendimientos que se han generado con las rentas y la inversión.

Razones de crecimiento   Estas miden la capacidad de la empresa para mantener su posición económica en el crecimiento de la economía y la industria.

Las razones son una manera rápida y fácil de proveer información crítica sobre las operaciones y las condiciones financieras de una empresa. Los acreedores quieren saber cuál es la capacidad futura de la empresa para pagar su deuda. El gobierno se interesa en las razones para aquellas industrias como los ferrocarriles[10] y las utilidades que el gobierno regula, para determinar su salud económica y para fijar[11] los precios que se les permite cobrar[12]. La administración de la empresa se vale de las razones para ayudar en la toma de decisiones.

---

[7]*business*   [8]*increase*   [9]*measure*   [10]*railroads*   [11]*to set, fix,*   [12]*to charge*

ESTUDIO DE PALABRAS _____

Ejercicio 1   Study the following cognates that appear in this chapter.

la información	la operación	crítico
el formato	la condición	efectivo
el inventario		total
la depreciación		neto
la intensidad		en circulación

Ejercicio 2   Complete each statement with the appropriate word(s).
1. El balance general y el estado de resultados tienen su propio _____.
2. El balance general les da mucha _____ financiera importante a los directores de la empresa.
3. El balance general indica la _____ económica de la empresa.
4. El _____ es el inventario que queda. Puede ser de bienes o de activos.
5. En los EE.UU. y en otros países también hay muchos dólares en _____.

Ejercicio 3   Match the word in Column A with its equivalent in Column B.

A	B
1. neto	a. muy importante
2. crítico	b. completo
3. efectivo	c. el contrario de «bruto»
4. total	d. que da buenos resultados

Ejercicio 4   Look at the following balance sheet. Give the Spanish equivalent for each entry.

BALANCE SHEET

Assets
    Cash
    Negotiable instruments
    Accounts receivable
    Inventory
        Total current assets
    Plant and equipment
    Less depreciation
    Plant and equipment net
    Total assets
Liabilities
    Accounts payable
    Notes payable
    Accrued expenses
    Federal taxes to be paid
        Total current liabilities
    Mortgage bonds
    Long-term bonds
Equity
Retained earnings
    Total equity
Total liabilities

Ejercicio 5   Look at the following financial statement. Give the Spanish equivalent for each entry.

PROFIT AND LOSS SHEET

Net sales
Cost of goods sold
Gross margin
Operating expenses
   Selling costs
   General and administrative expenses
   Lease payments
Gross operating income
Depreciation
Net operating income
Other revenues and expenses except interest
Less interest expenses
   Interest on debentures
   Interest on mortgage
   Interest on short-term notes
Net income before taxes
Federal income tax
Net income after taxes
Earnings per share

Ejercicio 6   Match the word or expression in Column A with its Spanish equivalent in Column B.

A	B
1. profitability	a. el estado
2. balance	b. la razón
3. ratio	c. las cuentas por pagar
4. current year	d. el ingreso neto
5. leverage	e. los gastos de operación
6. statement	f. la rentabilidad
7. current assets	g. la utilidad (la margen) bruta
8. liquidity	h. las cuentas por cobrar
9. accounts receivable	i. el saldo
10. accounts payable	j. los activos circulantes (corrientes)
11. accrued	k. el estado de resultados
12. net income	l. el rendimiento
13. gross margin	m. el estado financiero
14. operating expenses	n. el año corriente
15. profit and loss statement	o. devengado
16. financial statement	p. el apalancamiento
17. return	q. la liquidez

Ejercicio 7   Give the word or expression being defined.
1. el ingreso bruto menos los gastos
2. este año
3. los activos que tiene la empresa hoy
4. la capacidad de convertir los activos en efectivo
5. lo que ya tiene que pagar la empresa
6. lo que ya va a recibir la empresa
7. lo que cuesta operar la empresa
8. la capacidad de producir beneficios

COMPRENSION

Ejercicio 1   Answer.
1. ¿Para qué sirven los estados financieros?
2. ¿Cuál es el documento básico para saber la condición financiera de la empresa?
3. En el balance general, ¿qué se muestra primero?
4. ¿Qué son los activos circulantes?
5. ¿Cuáles son algunos activos fijos?
6. ¿Qué son los pasivos circulantes?
7. Además del balance general, ¿cuál es otro documento financiero muy importante?
8. ¿Qué se muestra en la parte superior de este documento?
9. ¿Qué se deduce de las ventas?
10. ¿Cómo se calculan las utilidades por acción?
11. ¿Qué indica el estado de utilidades retenidas?
12. ¿Por qué se interesan los acreedores en la liquidez de la empresa y en la rentabilidad a corto plazo?
13. ¿Qué les interesa más a los accionistas?

Ejercicio 2   List some examples of the following.
1. activos circulantes
2. activos fijos
3. pasivos circulantes
4. gastos
5. intereses

Ejercicio 3   Compare the following.
1. las razones de liquidez y las razones de apalancamiento
2. las razones de rentabilidad y las razones de crecimiento

Capítulo 8
PLANIFICACION Y CONTROL FINANCIERO

Proyecciones del costo: presupuestos y pronósticos

La planificación y el control financiero dependen del uso de proyecciones que se basan en ciertas normas. Cada área de la empresa prepara presupuestos y pronósticos. El área de producción incluye en su presupuesto los materiales que se necesitarán, la mano de obra y las instalaciones. Cada subárea, como la de materiales, prepara su propio presupuesto detallado. El área de ventas prepara su presupuesto. El área de comercialización o «marketing» hace lo mismo. Cuando todas las proyecciones del costo están completas, se reúnen en un documento que es el estado de resultados presupuestado o «proforma».

La proyección de ventas del producto da lugar a[1] los pronósticos de las inversiones necesarias para producir el producto. Las proyecciones de inversiones, juntas con el balance general inicial, proveen la información necesaria para llenar[2] el lado del balance general que se dedica a los activos.

Análisis del flujo de efectivo

Se prepara también un presupuesto o análisis de flujo de efectivo en el que se indican los efectos de las operaciones presupuestadas sobre el flujo de efectivo de la empresa. Si el flujo de efectivo neto es positivo, entonces la empresa tiene bastante financiamiento para las operaciones presupuestadas. Si el flujo de efectivo neto es negativo a causa de un incremento en las operaciones, hay que buscar financiamiento adicional.

Análisis del punto de equilibrio

Dos metas de la planificación y control financiero son el de mejorar la rentabilidad y el de evitar que falte efectivo. El análisis del punto de equilibrio, igual que los análisis de razones y de flujo de efectivo, se emplea para analizar datos financieros. El análisis del punto de equilibrio trata la relación entre la rentabilidad y los costos, los precios y el volumen de producción. ¿Cómo varían los ingresos cuando cambia el volumen de ventas (si no cambian los costos y los precios)? ¿Cómo varían los ingresos cuando cambian los costos y precios?

---

[1] *gives rise to*   [2] *to fill out*

El ingreso neto (despué́s de impuestos) es igual a los ingresos por ventas menos todos los costos, incluso la depreciación, los intereses sobre la deuda, los impuestos, la mano de obra, los materiales, la publicidad y otros gastos.

Costos fijos y costos variables Los costos son fijos o variables. Los fijos son aquéllos que no varían con cambios en el volumen de producción. Los costos de oficina, de planta y equipo, de impuestos sobre bienes raíces y de personal ejecutivo y administrativo normalmente son costos fijos. Los costos variables varían según el nivel de producción. Los materiales de producción, la mano de obra, la electricidad u otra fuente de energía para la maquinaria, el transporte de producto, materiales de oficina que se usan para facturar, comprar y cobrar[3] son, por lo general, costos variables.

Para clasificar los costos como variables o fijos, son útiles estos tres factores: el tamaño del cambio en el volumen de producción, el período de tiempo necesario para cambiar el costo y el período de tiempo que se espera que dure el cambio en el nivel de producción. Si el gasto varía con el nivel de producción, el costo es variable; si no, el costo es fijo. Por ejemplo:

COSTOS DE PLASTICOR S.A.

Costos fijos

Depreciación..	100.000 pesos
Mantenimiento[4] de planta	15.000
Salarios ejecutivos..	40.000
Arrendamiento[5]	8.000
Gastos[6] de oficina..	5.000
Publicidad	5.000
Intereses sobre la deuda.....................................	20.000
Total..	200.000

Costos variables por unidad producida

Mano de obra fabril...	3,00 pesos
Materiales...	5,00
Comisiones sobre ventas	2,00
Total..	10,00

Los costos fijos de Plasticor son de 200.000 pesos. No importa cuánto producto producen y venden durante el año, estos costos no cambian. Para cada unidad de producto que se produce, Plasticor tiene un costo adicional de 10 pesos, un costo variable. El total del costo variable depende del volumen o nivel de producción.

---

[3]*to collect, charge*   [4]*maintenance*   [5]*rent*   [6]*expenses*

PLASTICOR S.A.
ESTADO DE CONTRIBUCION AL INGRESO A VARIAS CANTIDADES
DE UNIDADES VENDIDAS
(en pesos)

Unidades vendidas	Total costos fijos	Total costos variables	Total costo	Ventas	Ingreso neto
0	200.000	0	200.000	0	(100.000)
10.000	200.000	100.000	300.000	150.000	(75.000)
20.000	200.000	200.000	400.000	300.000	(50.000)
30.000	200.000	300.000	500.000	450.000	(25.000)
40.000†	200.000	400.000	600.000	600.000	0
50.000	200.000	500.000	700.000	750.000	25.000
60.000	200.000	600.000	800.000	900.000	50.000
70.000	200.000	700.000	900.000	1.050.000	75.000

†punto de equilibrio = 40.000 unidades

El análisis del punto de equilibrio es útil para examinar el efecto que tienen los cambios en las ventas sobre el ingreso. Los administradores, cuando consideran un nuevo proyecto, quieren saber lo que ocurriría si las ventas fueran peores que las que se proyectaba o si los costos fueran mayores que los que se esperaba. Para este fin emplean los análisis del punto de equilibrio suponiendo diferentes niveles de ventas y costos.

ESTUDIO DE PALABRAS

Ejercicio 1   Study the following cognates that appear in this chapter.

la planificación	la instalación	variable
el control	el costo	
la proyección	el análisis	clasificar
la norma	el volumen	
el área de producción	el transporte	
la subárea	la comisión	
los materiales		

Ejercicio 2   Give a word related to each of the following.

1. variar
2. controlar
3. transportar
4. producir
5. normal
6. costar
7. analizar
8. el plan

Ejercicio 3 Complete each statement with the appropriate word(s).
1. Siempre está haciendo planes. Para él la _____ es de suma importancia.
2. La _____ de ventas es la cantidad de producto que se espera vender en el futuro.
3. El departamento de producción tiene que comprar los _____ que se necesitan para fabricar el producto.
4. Si es un factor que cambia es _____.
5. Cada producto tiene su _____. Nada es gratis.
6. Cada área grande tiene su _____.
7. Si la empresa va a ser rentable, es necesario ejercer _____ sobre los gastos.
8. Muchos vendedores reciben una _____ por sus ventas.

Ejercicio 4 Match the English word or expression in Column A with its Spanish equivalent in Column B.

A	B
1. forecast	a. el punto de equilibrio
2. manpower	b. el tamaño
3. marketing	c. el pronóstico
4. breakeven point	d. la publicidad
5. debt	e. la mano de obra
6. advertising	f. la unidad
7. to bill	g. fabril
8. unit	h. facturar
9. size	i. la comercialización
10. manufacturing	j. la deuda

Ejercicio 5 Complete each statement with the appropriate word(s).
1. La tecnología avanzada hace menos necesaria la mano de obra _____.
2. La _____ es de suma importancia en la promoción de un producto.
3. El departamento de _____ o marketing se responsabiliza por la planificación y la promoción del producto.
4. El _____ de ventas es muy importante para determinar si se va a crear un nuevo producto.
5. La empresa tiene que _____ al cliente o consumidor. Luego el consumidor paga.
6. Tenemos que saber el costo por _____, no la totalidad.
7. _____ es la cantidad de unidades que hay que vender de un producto para recuperar la inversión hecha para producirlo.
8. El _____ del mercado influye en el pronóstico de ventas.
9. La _____ es lo que se debe.

COMPRENSION

Ejercicio 1   True or false?
1. Los presupuestos y los pronósticos no tienen una función importante en la planificación y el control financiero de una empresa.
2. Hay que tener una proyección de ventas antes de tomar una decisión sobre la inversión que se hará para producir un producto.
3. El punto de equilibrio es el período de tiempo que toma para recuperar los costos por la producción de un producto.
4. Si el gasto varía con el nivel de producción, el costo es variable.
5. Los costos fijos no cambian según la cantidad del producto que produce o vende la empresa.

Ejercicio 2   Answer.
1. ¿Cuáles son algunas cosas que incluye el departamento de producción en su presupuesto?
2. ¿Qué le pasa al flujo de efectivo de una empresa si hay un incremento en el costo de operaciones?
3. ¿Y qué significa un flujo de efectivo neto positivo para la empresa?
4. ¿Cuáles son dos metas de la planificación y control financiero de una empresa?
5. ¿Qué es el ingreso neto?
6. ¿Qué quieren saber los administradores cuando consideran un nuevo producto?

Ejercicio 3   Give the Spanish equivalent for each of the following terms.
1. production
2. marketing
3. sales
4. plant
5. equipment
6. executive personnel
7. administrative personnel
8. office expenses

Ejercicio 4   Give examples of fixed costs (**los costos fijos**) and variable costs (**los costos variables**) in the production of a product.

Capítulo 9
OTROS FENOMENOS FINANCIEROS

Fusiones y consolidaciones

La fusión es la unificación de dos empresas individuales en una sola corporación. Se llama «fusión» si una de las empresas que toma parte en la unificación sobrevive. Por ejemplo, si Alfa S.A. y Beta. S.A. se unen y la nueva empresa se llama «Alfa S.A.», es una fusión. Una «consolidación» ocurre si las dos empresas, Alfa S.A. y Beta S.A., se unen y forman «Gama S.A.».

Cuando dos empresas que se dedican a la misma rama[1] se unen—dos líneas aéreas, U.S. Air y Piedmont, por ejemplo—se dice que es una combinación horizontal. (El caso de U.S. Air y Piedmont es una fusión y no una consolidación, porque lleva el nombre de U.S. Air.) En una combinación vertical, empresas que se dedican a diferentes fases de la misma industria se unen. Las grandes empresas industriales quieren controlar el proceso de producción lo máximo posible. La expansión vertical va hacia adelante hacia el consumidor final, y hacia atrás hacia la fuente de materia prima. En la industria de los automóviles, iría desde las minas de hierro[2] y carbón[3] hasta las agencias donde venden los autos e incluiría a los fabricantes de gomas o neumáticos[4], de baterías, etc.

Conglomerados

Un tercer tipo de combinación es el conglomerado. En este tipo de combinación se unen compañías que no tienen ninguna relación entre sí. En años recientes el 80% de las fusiones eran de este tipo. Las empresas consideran la fusión cuando creen que el valor de las dos empresas sería mayor si se unieran que si se siguieran separadas. Las fusiones resultan en ahorros en los gravámenes y en la sinergia. La sinergia es la acción combinada y se representa en los beneficios mutuos que resultan de las fusiones, tales como reducciones en los costos de producción, administración, financiamiento y comercialización.

Adquisición

Las combinaciones pueden ser por fusiones, verticales, horizontales o de conglomerado. Pueden ser hostiles o amigables. Pueden ser simplemente la adquisición de una empresa por otra. Una empresa puede comprar otra empresa o con efectivo o con activos, o puede comprar una mayoría de las acciones en una

---

[1]field [2]iron [3]coal [4]tires

empresa. Los accionistas de las empresas que toman parte en una adquisición, tanto los accionistas de la empresa que compra como la que se vende, quieren mejorar sus beneficios. Sólo si la renta futura por acción se mejora[5], será aceptable la adquisición para uno, y sólo si el valor de los activos que recibe es superior al valor de los activos que entrega[6], será aceptable la adquisición para el otro.

Fracaso económico y financiero

El fracaso de una empresa puede ser de dos tipos, el fracaso económico o el fracaso financiero. En el fracaso económico, la empresa no puede derivar rentas razonables sobre sus inversiones. El fracaso financiero ocurre cuando la empresa no puede satisfacer sus obligaciones con sus acreedores. El fracaso económico, si no se remedia, obliga el cierre de la empresa y la liquidación de sus activos.

El fracaso financiero, sin fracaso económico, requiere unos ajustes para satisfacer a los acreedores. Los ajustes pueden ser sólo una demora en los pagos o, más grave, una reorganización de la empresa. Hay una diferencia entre la reestructuración y la reorganización. Una empresa, voluntariamente, puede reestructurarse, eliminando algunos puestos, combinando varias funciones, eliminando niveles de administración, etc., para confrontar problemas económicos o para mejorar la eficiencia de su operación. La reorganización ocurre cuando los acreedores o la empresa recurren[7] a las cortes. La empresa puede presentar un plan para pagar a los acreedores y una descripción de los pasos que se tomarán para reorganizar. Si los acreedores piden la reorganización, la corte puede nombrar un administrador y pedir un plan de reorganización. Cuando se reorganiza, las obligaciones anteriores se retiran y nuevas obligaciones se emiten a los acreedores.

Cuando el fracaso es económico y terminante, se declara la quiebra. Se liquida la empresa. El proceso de liquidación puede ser privado, entre la empresa y sus acreedores, o bajo la supervisión de las cortes—Capítulo VII del Código de Quiebra[8].

---

[5]*improves*   [6]*hands over*   [7]*appeal*   [8]*Bankruptcy Law*

ESTUDIO DE PALABRAS

Ejercicio 1   Study the following cognates that appear in this chapter.

la unificación	la reorganización	remediar
la corporación	la reestructuración	requerir
la expansión	el plan de reorganización	adquirir
el conglomerado	el administrador	restructurar
la sinergía	la obligación	eliminar
la reducción		combinar
el costo de producción	individual	confrontar
la administración	separado	ocurrir
el financiamiento	hostil	
la adquisición	amigable	

Ejercicio 2   Review the following forms of related words that are frequently used in economics and finance.
1. administrar, la administración, el administrador, administrativo
2. financiar, el financiamiento, las finanzas, financiero
3. liquidar, líquido, la liquidación, la liquidez
4. eficiente, la eficiencia, eficaz, efectivo

Ejercicio 3   Give the word or expression being defined.
1. la acción de unir dos cosas en una sola
2. la acción de convertir los activos en efectivo
3. la acción de adquirir algo
4. la acción de proveer o hacer disponibles los fondos que necesita una empresa o un individuo
5. el que se encarga de la administración
6. lo que debe o tiene que hacer un individuo o una empresa
7. mejorar una situación mala
8. poner dos o más cosas juntas
9. lo que cuesta producir algo
10. el contrario de «hostil»
11. la asociación de varios departamentos u órganos para hacer el trabajo
12. poner dos grupos en presencia uno de otro para ponerse de acuerdo sobre algunas diferencias

Ejercicio 4   Match the English word or expression in Column A with its Spanish equivalent in Column B.

A	B
1. merger	a. el fracaso
2. obligation , tax	b. el ajuste
3. failure	c. la demora en los pagos
4. closing	d. sobrevivir
5. adjustment	e. la fusión
6. level	f. la quiebra
7. step	g. emitir
8. bankruptcy	h. el gravamen
9. delayed payments	i. retirar
10. to survive	j. el paso
11. to withdraw, remove	k. el cierre
12. to issue	l. el nivel

Ejercicio 5   Complete each statement with the appropriate word(s).
1. Una crisis financiera puede resultar en el _____ de la empresa.
2. Y un fracaso terminante puede resultar en el _____ de la empresa.
3. Si el fracaso financiero es terminante, la empresa tiene que declarar la _____.
4. _____ es la unificación de dos empresas en una sola.

5. _____ significa «seguir existiendo».

6. En cada empresa hay varios _____ administrativos.

Ejercicio 6   Complete each expression with the appropriate word(s).

1. to make adjustments   hacer _____

2. to survive an acquisition   _____ una adquisición

3. to remove obligations   _____ gravámenes

4. to issue bonds   _____ bonos

5. to declare bankruptcy   declarar _____

6. to necessitate a closing   exigir el _____

COMPRENSION

Ejercicio 1   True or false?

1. Se llama «fusión» sólo a una unificación en que una de las dos empresas sobrevive.

2. Si dos líneas aéreas se combinan, es una combinación horizontal.

3. Si dos empresas que se especializan en productos muy distintos se combinan, es una combinación vertical.

4. El fracaso financiero de una empresa obliga el cierre inmediato de la empresa y la liquidación de sus activos.

5. La reorganización de una empresa ocurre cuando los acreedores recurren a las cortes.

Ejercicio 2   Answer.

1. ¿Cuál es la diferencia entre una fusión y una consolidación?

2. ¿Cuál es la diferencia entre una combinación horizontal y una combinación vertical?

3. ¿Por qué consideran las empresas una fusión?

4. ¿Cómo resultan o pueden resultar en ahorros las fusiones?

5. ¿Qué quieren los accionistas cuando hay una posible adquisición?

6. ¿Cuál es la diferencia entre el fracaso económico y el fracaso financiero?

7. ¿Qué requiere el fracaso financiero de una empresa?

8. ¿Qué tiene que presentar una empresa cuando hay una reorganización?

9. ¿Qué pasa cuando hay una reorganización?

10. ¿Y qué pasa cuando hay una quiebra?

Ejercicio 3   In your own words, define each of the following terms.

1. una fusión

2. un conglomerado

3. la adquisición

4. la reestructuración

5. la reorganización

6. la quiebra

Capítulo 10
FINANZAS DEL COMERCIO INTERNACIONAL

La Ford tiene plantas en España, Gran Bretaña, Alemania, México y muchos otros países. Honda fabrica autos en los EE.UU. Hay hoteles norteamericanos en Europa y Japón y hoteles japoneses y europeos en los EE.UU.

Importancia de las «multinacionales»

De las 50 compañías más grandes del mundo, 33 son japonesas, 14 norteamericanas y 3 son británicas. Una gran proporción de los beneficios corporativos de los EE.UU. se deriva del comercio internacional. Sólo la compra de activos fijos en el exterior por empresas norteamericanas incrementó de unos $12.000 millones en 1950 a $300.000 millones en 1987. Las metas corporativas son las mismas en el ámbito internacional como en el nacional: la maximización del valor. Se quiere comprar activos que valen más de lo que se paga por ellos, y se quiere pagar con la emisión de pasivos que valen menos que el efectivo que se recauda. Lo que es complicado es que las transacciones se efectúan con una variedad de divisas de diferentes valores. Y los valores cambian con frecuencia. Esto añade otro factor de riesgo.

Tasas de cambio

Las tasas de cambio muestran la relación entre las monedas de diferentes países. La tasa de cambio en los mercados de divisas son del día corriente (en realidad son 2 días) y futuras (de 30, 90 ó 180 días). Las tasas futuras toman en cuenta los cambios que se esperan en las tasas de cambio y en las tasas de interés en los distintos países.

Mercados de divisas

El cambio de divisas ocurre en un mercado que no existe físicamente sino en los grandes bancos centrales y comerciales. Las empresas efectúan sus cambios en esos bancos por medio del teléfono, del télex o del facsímil. Los dos grandes centros para el cambio de divisas son Londres y Tokio. Cada día, en cada uno de esos dos centros se cambian más de $200.000 millones en divisas. Las empresas se valen de los mercados de cambio futuro para protegerse contra posibles pérdidas causadas por fluctuaciones en las tasas de cambio. Estas fluctuaciones pueden ocurrir a causa de fluctuaciones en las tasas de interés, a causa de la inflación o por razones políticas.

Ventajas de ser multinacional

Las ventajas de una presencia en los mercados internacionales para las empresas multinacionales son significativas. Si la Ford tuviera que exportar solamente sus autos fabricados en los EE.UU., el alto costo de producción y los aranceles que se pagarían en el extranjero resultarían en una falta de competividad. Los autos Ford serían demasiado caros comparados con los autos fabricados en el país. Por eso la Ford, la Chrysler y la General Motors tienen fábricas en el extranjero. Así pueden competir mejor. Las compañías subsidiarias de corporaciones norteamericanas gozan de[1] varias ventajas. No tienen que pagar impuestos a los EE.UU. hasta que los beneficios sean pagados a la compañía matriz en los EE.UU. También pueden deducir los impuestos que pagan en el extranjero.

Riesgos

Todo este movimiento de dinero de un país a otro requiere el constante cambio de divisas y el riesgo para las empresas. Por ejemplo, si un turista norteamericano compra unas perlas en Tokio y paga 130.000 yenes, y la tasa de cambio es de 130 yenes al dólar, se supone que le costó $1.000. El turista paga con tarjeta de crédito. En el tiempo que toma para efectuar la transacción por los bancos la tasa de cambio va de 130 yenes a 100 yenes por dólar. Cuando el turista recibe la cuenta, tiene que pagar $1.300. Ese mismo tipo de riesgo existe para las empresas y sus transacciones de miles de millones de dólares. En México la tasa de cambio pasó de 12 pesos por dólar a más de 3.000 pesos en poco tiempo.

Fluctuaciones en las tasas de cambio Hay varios recursos que tienen las empresas para protegerse de las fluctuaciones en las tasas de cambio. Los mercados de cambio futuro de divisas y los mercados de préstamos son dos. Existe una estrecha[2] relación entre las tasas de interés, la tasa de inflación y las tasas de cambio. Un ejemplo clásico del riesgo que se corre con las tasas de cambio es el caso de Laker Airlines de Gran Bretaña. Laker pidió grandes préstamos de los bancos en dólares. Sus ingresos eran mayormente en libras esterlinas. De repente, en los años 80 el valor del dólar respecto a la libra esterlina subió dramáticamente. Laker no tenía con qué pagar la deuda y tuvo que liquidar.

Las inversiones en el extranjero conllevan riesgos de tipo político además de los riesgos que presentan las fluctuaciones en los tipos de cambio. Las crisis del petróleo de 1973 y 1990 son ejemplos obvios. Las grandes empresas tienen que evaluar todos los mismos factores que consideran al establecerse en el mercado doméstico, más los factores especiales que existen en el mercado internacional al tomar la decisión de invertir o no en el extranjero. No obstante, las inversiones internacionales son mayores cada año.

---

[1] *enjoy*   [2] *close*

ESTUDIO DE PALABRAS

Ejercicio 1   Study the following cognates that appear in this chapter.

la planta	el facsímil	internacional
la proporción	la fluctuación	multinacional
la maximización del valor	la inflación	corporativo
el teléfono	las razones políticas	
el télex		

Ejercicio 2   Complete each statement with the appropriate word(s).

1. Una empresa que tiene sucursales, oficinas y plantas en muchos países del mundo es una empresa _____.
2. El comercio _____ es el contrario del comercio doméstico o nacional.
3. Tres medios de comunicación importantes son _____, _____ y _____.
4. Los grandes administradores son los ejecutivos _____.

Ejercicio 3   Match the word or expression in Column A with its equivalent in Column B.

A	B
1. el alza y la baja	a. la proporción
2. el alza en los precios	b. multinacional
3. los motivos políticos	c. la fluctuación
4. de muchos países	d. internacional
5. entre varios países	e. la inflación
6. el porcentaje	f. las razones políticas

Ejercicio 4   Match the English word or expression in Column A with its Spanish equivalent in Column B.

A	B
1. business	a. las divisas
2. goal	b. los aranceles
3. environment	c. los mercados de divisas
4. foreign currencies	d. la compañía matriz
5. exchange rate	e. la meta
6. currency markets	f. deducir
7. risk	g. el préstamo
8. loss	h. conllevar
9. duty, excise tax	i. la pérdida
10. competitiveness	j. el comercio
11. parent company	k. fabricar, manufacturar

12. loan
13. pounds sterling
14. to manufacture
15. to deduct
16. to carry out
17. to carry with it

l. la tasa (el tipo) de cambio
m. efectuar
n. las libras esterlinas
o. el ámbito
p. el riesgo
q. la competividad

Ejercicio 5   Study the following words related to **competir.** Use each one in a sentence.
1. competir
2. la competencia
3. el competidor
4. competitivo
5. la competividad

Ejercicio 6   Complete each statement with the appropriate word(s).
1. Tardan cinco días en _____ la transacción.
2. Se puede _____ el interés de los impuestos.
3. La propuesta _____ otras responsabilidades y obligaciones.
4. La Ford _____ autos en muchos países del mundo.
5. _____ es el valor de una moneda comparada con el de otra.
6. La moneda de Gran Bretaña es _____.
7. _____ tiene sucursales *(branches)* en muchos países.
8. Las fluctuaciones en la tasa de cambio de divisas conllevan _____ para las empresas multinacionales.

Ejercicio 7   Match the word in Column A with its equivalent in Column B.

A	B
1. la meta	a. el contrario de «la ganancia» o «el beneficio»
2. la divisa	b. el contrario de «la compañía matriz»
3. la tasa	c. el objetivo
4. la pérdida	d. la moneda
5. el subsidiario	e. el tipo

COMPRENSION

Ejercicio 1   True or false?
1. Las metas corporativas en el comercio internacional son muy diferentes de las metas en el comercio nacional.
2. La tasa de cambio es igual que la tasa de interés.
3. La tasa de cambio muestra la relación entre las monedas de diferentes valores.
4. Los dos grandes centros para el cambio de divisas son Nueva York y Tokio.

5. Las compañías subsidiarias de corporaciones norteamericanas tienen que pagar impuestos al gobierno federal de los EE.UU. en cuanto hagan una venta en cualquier país.

6. La compañía matriz puede deducir de sus impuestos federales los impuestos que paga en el extranjero.

7. Las tasas de interés tienen poco que ver con las tasas de cambio.

Ejercicio 2   Answer.

1. ¿De qué naciones son las 50 compañías más grandes del mundo?

2. ¿Cuál es la meta corporativa primordial en el ámbito internacional?

3. ¿Por qué son algo más complicadas las transacciones internacionales que las nacionales?

4. ¿Qué toman en cuenta las tasas futuras de cambio?

5. ¿Qué influye en las fluctuaciones de la tasa de cambio?

6. Si la Ford tuviera que exportar solamente autos fabricados en los Estados Unidos, ¿por qué resultaría en una falta de competividad?

7. Por consiguiente, ¿qué hace la Ford?

Ejercicio 3   Explain.

1. Explique lo que le pasó al turista que compró las perlas en Tokio.

2. Explique por qué Laker tuvo que declararse en quiebra.

Segunda parte

CONTABILIDAD

Capítulo 11
¿QUE ES LA CONTABILIDAD?

El público generalmente piensa en la contabilidad como un campo extremadamente técnico comprensible sólo por contables profesionales. La verdad es que casi todo el mundo practica la contabilidad de una manera u otra con mucha frecuencia. Cuando se prepara el presupuesto familiar, cuando se preparan las planillas para las contribuciones (los impuestos), cuando se calcula el balance de la cuenta corriente, se están empleando conceptos e información contables.

La contabilidad es el arte o la ciencia de medir[1], describir e interpretar la actividad económica. Se puede decir que la contabilidad es el «lenguaje del comercio». Los inversionistas y los administradores de empresas tienen que comprender los conceptos y la terminología de la contabilidad: activos, pasivos, rentas, gastos, flujo de efectivo, beneficios, utilidades por acción.

Propósito de la contabilidad

El propósito primordial de la contabilidad es la provisión de información financiera para la toma de decisiones económicas, o por individuos o por otras entidades como las empresas comerciales. Los administradores necesitan la información que proviene del sistema contable para la planificación y el control de las actividades de la empresa. Tienen que saber la rentabilidad de cada departamento, el estado del flujo de efectivo y las tendencias en las utilidades.

El sistema contable crea o prepara la información y también comunica esa información a varios públicos. Los usuarios de la información contable pertenecen a tres grupos: el grupo administrativo, el grupo de financiamiento y el público en general. En el primer grupo, se encuentran los miembros de la junta de directores, el presidente de la empresa y varios vicepresidentes. En el segundo grupo están los inversionistas actuales y potenciales y los acreedores actuales y potenciales: accionistas, bancos, compañías de seguros, todas las fuentes de financiamiento. El grupo público se compone de los gobiernos federal y estatales, los sindicatos industriales, los empleados, los clientes de las empresas y otros.

El papel de los contables

La administración de una empresa y los contadores públicos titulados *(CPA)* son los dos grupos que preparan la información financiera de una entidad comercial.

---

[1]*measuring*

Los contables de la empresa preparan los estados financieros, pero el presidente o primer ejecutivo de la empresa tiene la responsabilidad por la información contenida en los informes[2]. Los contadores públicos certificados (titulados) son contables profesionales independientes que proveen servicio de contabilidad a la empresa por un honorario y que verifican la información contable que se da al público. Los contadores públicos certificados (titulados) hacen una auditoría independiente que es un examen financiero de los estados financieros de la empresa.

Hay una diferencia entre el contable y el tenedor de libros. El tenedor de libros registra las transacciones. Registra la información en los libros. Este trabajo es repetitivo y mecánico. Es solamente una fase de la contabilidad, y probablemente la más sencilla. El contable es responsable por el mantenimiento de los registros, por el diseño de sistemas contables, por las auditorías, los pronósticos, el control de los pagos de las contribuciones o los impuestos y la interpretación de la información contable.

Los contables ofrecen sus servicios a todos los entes[3] comerciales: al propietario único, a las asociaciones y a las sociedades anónimas o corporaciones. Los contables se guían en la preparación de los estados financieros por los principios de contabilidad generalmente aceptados, que son las normas que se siguen en la valuación, registro y exposición de la información financiera, y que son aceptados por la profesión.

Estados contables

Los contables preparan informes financieros de diferentes tipos. Los informes se llaman «estados financieros». Dos de los informes básicos son «el estado de resultados» y «la hoja de balance».

Estado de resultados El estado de resultados indica la rentabilidad de la empresa. Compara los ingresos, el dinero que entra, con los gastos, el dinero que sale. Cuando los ingresos son mayores que los gastos, la empresa tiene un ingreso neto y es rentable. Cuando los gastos son mayores que los ingresos, la empresa tiene una pérdida neta.

MULTIMAR S.A.
ESTADO DE RESULTADOS
31/12/9_

Ingresos	125.000 pesos
Gastos	75.000
Ingreso neto	50.000 pesos

Hoja de balance La hoja de balance presenta la suma de los recursos o activos y las deudas o pasivos de la empresa en un momento dado. La diferencia entre los activos y los pasivos representa la inversión de los propietarios en la empresa, o el capital contable.

---

[2]*reports*   [3]*firms, companies*

MULTIMAR S.A.
HOJA DE BALANCE
31/12/9_

Activos................. 250.000 pesos   Pasivos..................... 100.000 pesos

                                          Capital contable......... 150.000

Total activos......... 250.000 pesos   Total pasivos............. 250.000 pesos

Como se ve en la hoja de balance, la ecuación fundamental contable es :
activo = pasivo + capital.

ESTUDIO DE PALABRAS

Ejercicio 1 Study the following cognates that appear in this chapter.

el balance	la información	potencial
el concepto	el sistema	familiar
la terminología	la tendencia	económico
la provisión	el grupo	aceptado
el individuo	el presidente	neto
la entidad	el ejecutivo	
la auditoría	la responsabilidad	calcular
el registro	el honorario	verificar
la valuación	la diferencia	registrar
el registro	el propietario	practicar
la exposición		describir
la actividad	técnico	interpretar
el administrador	comprensible	comunicar

Ejercicio 2 Give the word being defined.
1. las palabras que se usan
2. una persona
3. la acción de calificar o evaluar algo
4. que se puede comprender
5. la exhibición
6. la idea
7. determinar si es verdad o correcto
8. ingresos y gastos iguales
9. el dueño
10. el salario, el sueldo que reciben ciertos profesionales por sus servicios

Ejercicio 3 Match the word in Column A with its equivalent in Column B.

A	B
1. registrar	a. sumar, restar, etc.
2. potencial	b. el saldo
3. la entidad	c. una investigación o verificación del estado financiero
4. calcular	

5. el balance
6. la auditoría
7. la tendencia
8. el grupo
9. el administrador
10. interpretar

d. copiar una cosa en un libro
e. posible en el futuro
f. el ser
g. explicar, sacar deducciones
h. el director
i. el conjunto de personas
j. la inclinación

Ejercicio 4   Match the verb in Column A with its equivalent noun form in Column B.

A	B
1. registrar	a. la comunicación
2. calcular	b. la interpretación
3. practicar	c. el cálculo
4. comunicar	d. el registro
5. proveer	e. la descripción
6. administrar	f. la práctica
7. interpretar	g. la administración
8. describir	h. la provisión

Ejercicio 5   Match the English word or expression in Column A with its Spanish equivalent in Column B.

A	B
1. accounting	a. la hoja de balance
2. accountant	b. los beneficios
3. budget	c. los ingresos, las rentas
4. balance sheet	d. el contable, el contador
5. tax forms	e. el flujo de efectivo
6. taxes	f. los activos
7. income, revenue	g. el presupuesto
8. expenses	h. los impuestos, las contribuciones
9. assets	i. las planillas
10. liabilities	j. la rentabilidad
11. profits	k. la contabilidad
12. cash flow	l. las utilidades por acción
13. profitability	m. los pasivos
14. earnings per share	n. los gastos

Ejercicio 6   Select the appropriate word(s) to complete each statement.
1. _____ es el arte o la ciencia que mide, describe e interpreta la actividad económica.
   a. La rentabilidad   b. El concepto   c. La contabilidad

2. El _____ indica lo que ganará y lo que gastará el individuo o la empresa.
   a. flujo de efectivo   b. presupuesto   c. contable
3. Lo que tiene que pagar el individuo o la empresa son _____.
   a. pérdidas   b. ingresos   c. gastos
4. Lo que debe el individuo o la empresa son _____.
   a. pérdidas   b. deudas   c. gastos
5. Lo que recibe el individuo o la empresa son _____.
   a. presupuestos   b. beneficios   c. ingresos
6. Lo que queda de los ingresos al deducir los gastos son _____.
   a. beneficios   b. contables   c. efectivo
7. La _____ muestra los ingresos y los gastos.
   a. hoja de balance   b. suma   c. rentabilidad
8. _____ son activos.
   a. Las rentas   b. Los impuestos   c. Las deudas
9. _____ son pasivos.
   a. Las rentas   b. Los beneficios   c. Las deudas
10. Las empresas tienen que hacer _____ al gobierno.
    a. efectivos   b. contribuciones   c. ingresos

Ejercicio 7 Match the English word or expression in Column A with its Spanish equivalent in Column B.

A	B
1. accounting principles	a. el pronóstico
2. CPA	b. el tenedor de libros
3. financial statement	c. el usuario
4. P&L (profit and loss statement)	d. la deuda
5. balance sheet	e. la asociación
6. forecast	f. el estado financiero
7. present	g. la suma
8. user	h. la pérdida
9. resources, funds	i. los principios de contabilidad
10. debt	j. la junta de directores
11. loss	k. actual
12. equity	l. la compañía de seguros
13. sum total	m. el contable público certificado, el contador público titulado
14. bookkeeper	n. la sociedad anónima
15. fee	o. los recursos
16. Board of Directors	p. el estado de resultados
17. corporation	q. el honorario
18. partnership	r. el capital contable, el patrimonio
19. union	s. la hoja de balance
20. insurance company	t. el sindicato

Ejercicio 8   Match the word or expression in Column A with its equivalent in Column B.

A	B
1. el usuario	a. una empresa con dos o más socios
2. el honorario	b. el patrimonio
3. la asociación	c. las cuentas por pagar
4. actual	d. el total
5. el capital contable	e. el que utiliza o se sirve de algo
6. el sindicato	f. lo que se espera en el futuro
7. la sociedad anónima	g. el que mantiene el registro
8. las deudas	h. la unión de trabajadores
9. el tenedor de libros	i. de hoy
10. la suma	j. el dinero que recibe o cobra alguien
11. el pronóstico	por el trabajo profesional que hace
12. el estado financiero	k. lo que indica la condición económica
	de la empresa
	l. la corporación

Ejercicio 9   Complete each statement with the appropriate word(s).
1. Prudential Life es _____.
2. El _____ interpreta el estado financiero y la hoja de balance.
3. El _____ prepara el registro.
4. Lo que se paga al contable es _____.
5. _____ es lo que se debe.
6. _____ es lo que queda después de pagar los gastos.
7. Las rentas son _____.
8. La _____ de los activos es el valor de la empresa.

COMPRENSION

Ejercicio 1   True or false?
1. La mayoría de la gente cree que la contabilidad es muy fácil de comprender.
2. Los usuarios de la información contable pertenecen a un solo grupo—los contables mismos.
3. El primer ejecutivo o el presidente de una empresa tiene la responsabilidad de preparar los estados financieros.
4. Los contables son responsables por la información contenida en los estados financieros.
5. Existen principios de contabilidad generalmente aceptados por la profesión.

Ejercicio 2   Answer.
1. ¿Cómo practica la mayoría de la gente la contabilidad en la vida diaria?
2. ¿Cuál es el propósito más importante de la contabilidad?

3. ¿Para qué necesitan los administradores la información que proveen los contables?
4. ¿Qué son los contables públicos certificados (contadores públicos titulados)?
5. ¿Cuáles son algunas responsabilidades de un contable?
6. ¿Cuándo es rentable una empresa?
7. ¿Qué representa el capital contable?

Ejercicio 3 Define each of the following terms.
1. la contabilidad
2. el contable
3. el tenedor de libros
4. el estado de resultados
5. la hoja de balance

Ejercicio 4 Follow the directions.
El señor Salas López es contable. Prepare una lista, aunque sea parcial, de sus responsabilidades.

Capítulo 12
CUENTAS, LIBROS Y DIARIOS

Lo básico en cualquier sistema de contabilidad es la cuenta. Se prepara un registro individual para cada ítem que aparece en los estados financieros. Hay una cuenta para cada activo, pasivo, gasto e ingreso. La cuenta indica los aumentos y las disminuciones que resultan de las transacciones comerciales. Cuando se recibe efectivo se registra en la cuenta de efectivo como un aumento. Cuando se paga efectivo hay una disminución en la cuenta de activo.

Hay tres partes de una cuenta: el nombre (que se refiere al tipo de cuenta: efectivo, por ejemplo), un lugar para registrar aumentos (tanto las cantidades como la fecha de la transacción) y un lugar para registrar disminuciones (tanto las cantidades como la fecha de la transacción).

MUNDIMAR S.A.
EFECTIVO

Debe (Disminuciones)		Haber (Aumentos)	
14/3/9_	180.000	16/3/9_	141.000
19/3/9_	1.500	21/3/9_	15.000
		30/3/9_	3.000
181,500 pesos		159,000 pesos	
30/3/9_ Balance	22.500 pesos		

Cada registro de «Debe» y «Haber» (Débito y Crédito) en la cuenta representa un aumento o una disminución de efectivo. El total de efectivo que tiene una empresa en determinada fecha es igual al balance de la cuenta en esa fecha.

Libro mayor/Libro mayor general

El libro mayor es un libro, o un formato para la computadora, donde aparecen juntas una serie de cuentas relacionadas. El libro mayor general es el libro mayor que lleva todas las cuentas que aparecen en los estados financieros de una empresa. Las cuentas aparecen en el libro mayor general en el mismo orden en que aparecen en los estados financieros. Las cuentas de la hoja de balance aparecen primero y después las cuentas del estado de resultados.

Activos Los activos se dividen en activos circulantes (corrientes) y activos fijos. Bajo «circulantes» se registran el efectivo, los documentos por cobrar, las cuentas por cobrar, el inventario y los gastos pagados por anticipado (seguros, alquileres[1], etc.). Bajo «fijos» están la planta y otros edificios, los bienes raíces, el equipo como la maquinaria, muebles[2] de oficina, vehículos.

Pasivos Los pasivos son circulantes o a largo plazo. Los circulantes son los pagarés (la promesa que hace la empresa para pagar al acreedor dentro de cierto plazo de menos de un año), las cuentas por pagar, los sueldos por pagar y los cobros anticipados. Los pasivos a largo plazo son mayormente hipotecas por pagar.

Cuentas de capital y de retiro También aparecen en el libro mayor general las cuentas de capital y de retiro. La cuenta de capital registra la inversión de los dueños[3] en la empresa más el ingreso neto de la empresa. El ingreso neto del año aumenta la cuenta de capital. Si hubo una pérdida, la cuenta de capital se disminuye por la cantidad de la pérdida. Cuando el dueño de una empresa retira efectivo u otros activos, estos retiros se registran en la cuenta de retiros y no como reducciones directas a la cuenta de capital.

Registro

Todas las cuentas emplean la contabilidad por partida doble que es la base de todos los sistemas contables. El registro de una transacción comercial consta de dos partes—debes y haberes. La suma de debes tiene que ser igual a la suma de los haberes.

El diario El registro contable comienza con los diarios. El registro inicial se hace en el diario. Allí se registra la información sobre cada transacción comercial. Después, los cambios de debe y haber se registran en el libro mayor. El diario, como su nombre implica, es un registro cronológico de las transacciones e incluye la fecha, los cambios de debe y haber y una breve descripción de la transacción. A intervalos las cantidades de debe y haber se trasladan[4] del diario a las cuentas del libro mayor. Más adelante, las cuentas del libro mayor sirven para la preparación de la hoja de balance y otros estados financieros.

La partida en el diario es útil para analizar y describir el impacto de las diferentes transacciones de una empresa. Para poder describir una transacción en el diario hay que comprender la característica de la transacción y su efecto sobre la situación financiera de la empresa.

---

[1]*rents*   [2]*furniture*   [3]*owners*   [4]*are transferred*

ESTUDIO DE PALABRAS

Ejercicio 1   Study the following cognates that appear in this chapter.

el ítem	el formato	el diario
la disminución	la computadora	el intervalo
la transacción	el inventario	el impacto
el balance	la planta	la serie

el documento	básico	indicar
el vehículo	comercial	resultar
el acreedor	cronológico	representar
la reducción	total	analizar
la preparación	anticipado	
la situación	directo	
	doble	

Ejercicio 2   Give the word being defined.
1. libro en que se registran las actividades de cada día
2. en orden de ocurrencia, de tiempo
3. el efecto que tiene una cosa sobre otra
4. el stock
5. el saldo
6. la reducción
7. un período de tiempo entre dos eventos
8. la fábrica, la instalación
9. el carro, el coche
10. al que se le debe dinero
11. estudiar detallada y minuciosamente
12. conjunto de cosas que siguen

Ejercicio 3   Match the verb in Column A with its equivalent noun form in Column B.

A	B
1. resultar	a. la preparación
2. disminuir	b. el resultado
3. reducir	c. la reducción
4. preparar	d. el análisis
5. analizar	e. la disminución

Ejercicio 4   Complete each expression with the appropriate word(s).
1. business transaction   la _____ comercial
2. financial impact   el _____ financiero
3. financial situation   la _____ financiera
4. direct reduction   la _____ directa

Ejercicio 5   Match the English word or expression in Column A with its Spanish equivalent in Column B.

A	B
1. account	a. debe
2. entry	b. el saldo
3. debit	c. el libro mayor
4. credit	d. el estado financiero
5. ledger	e. la cuenta

6. general ledger
7. balance
8. balance sheet
9. financial statement
10. P&L

f. la hoja de balance
g. haber
h. la partida
i. el estado de resultados
j. el libro mayor general

Ejercicio 6   Tell what is being described.
1. la suma de ingresos y la suma de gastos
2. el estado de la condición económica de la empresa
3. las ganancias y las pérdidas de la empresa
4. el libro que lleva todas las cuentas que aparecen en los estados financieros de la empresa
5. el documento que presenta la suma de los recursos o activos y las deudas o pasivos
6. deuda
7. crédito

Ejercicio 7   Match the English word or expression in Column A with its Spanish equivalent in Column B.

A	B
1. current assets	a. las cuentas por cobrar
2. fixed assets	b. el equipo
3. cash	c. las cuentas por pagar
4. accounts receivable	d. a largo plazo
5. in advance	e. los activos circulantes (corrientes)
6. equipment	f. por anticipado
7. real estate	g. los cobros anticipados
8. short-term	h. los bienes raíces
9. long-term	i. los activos fijos
10. liabilities	j. los sueldos
11. promissory note	k. el efectivo
12. accounts payable	l. el pagaré
13. salaries	m. a corto plazo
14. unearned income	n. los pasivos
15. journal	o. el diario

Ejercicio 8   Tell if each of the following is **un activo** or **un pasivo.**
1. el efectivo
2. el pagaré
3. los sueldo por pagar
4. el equipo
5. las cuentas por pagar
6. los bienes raíces
7. las cuentas por cobrar

Ejercicio 9   Tell if each of the following is **un activo circulante (corriente)** or **un activo fijo.**
1. el efectivo
2. el equipo
3. la planta
4. las cuentas por cobrar
5. el inventario
6. los bienes raíces

COMPRENSION

Ejercicio 1   Answer.
1. ¿Qué es lo básico en cualquier sistema de contabilidad?
2. ¿Qué se prepara para cada ítem que aparece en los estados financieros?
3. ¿Qué hay para cada activo, pasivo, gasto o ingreso?
4. ¿Qué indican las cuentas?
5. ¿Cuáles son las tres partes de una cuenta?
6. ¿Qué representa cada partida en el libro mayor general?
7. ¿En qué orden aparecen las cuentas en el libro mayor general?
8. ¿Cuál es la base de todos los sistemas contables?
9. ¿Qué es el diario?
10. Del diario, ¿adónde se trasladan las cantidades de debe y haber?
11. ¿Para qué sirven las cuentas del libro mayor?

Ejercicio 2   Give examples of each of the following.
1. los activos circulantes
2. los activos fijos
3. los pasivos circulantes
4. los pasivos a largo plazo

Ejercicio 3   Identify each of the following.
1. el libro mayor
2. el libro mayor general
3. la cuenta de capital
4. la cuenta de retiro
5. el diario

Capítulo 13
PASOS DEL CICLO CONTABLE

Balance de comprobación

El balance de comprobación es una prueba de que el libro mayor está en balance. La concordancia de las sumas de Debe y Haber asegura que Debes y Haberes iguales se han registrado para todas las transacciones, el saldo de Debe o Haber para cada cuenta ha sido calculado correctamente y la suma de los dos saldos de las cuentas en el balance de comprobación se ha calculado correctamente.

Igualdad de debe y haber Dado que montos de dólares iguales para debe y haber se registran en las cuentas para cada transacción, la suma de todos los debes en el libro mayor tiene que ser igual a la suma de todos los haberes. Si los cálculos de los saldos de las cuentas han sido correctos, se espera que el total de las cuentas con saldos de debe sea igual al total de las cuentas con saldos de haber.

Antes de emplear los saldos de las cuentas para preparar la hoja de balance, es útil probar que la suma de cuentas con saldos de debe es de hecho igual a la suma de los totales de las cuentas con saldos de haber. La prueba de la igualdad de los saldos de debe y haber se llama «el balance de comprobación». Un balance de comprobación es un listado de dos columnas que presenta los títulos y los saldos de todas las cuentas en el mismo orden en que aparecen en el libro mayor. Los saldos de debe aparecen en la columna izquierda y los saldos de haber en la columna derecha. Las sumas de las dos columnas deben concordar.

BIENES RAICES MAYORAL
BALANCE DE COMPROBACION
30 DE SEPTIEMBRE, 199_

Efectivo	22.500	
Cuentas por cobrar	9.500	
Terreno	130.000	
Planta	36.000	
Equipo de oficina	5.400	
Cuentas por pagar		23.400
Joaquín Mayoral, capital		180.000
	203.400	203.400

El balance de comprobación da prueba de solamente un aspecto del libro mayor, la igualdad de debes y haberes. Los diarios y el balance de comprobación son dos pasos en lo que se llama «el ciclo contable».

El ciclo contable

El ciclo contable es una secuencia de procedimientos que emplean los contables para registrar, clasificar y resumir la información contable. El ciclo comienza con el registro inicial de las transacciones y termina con la preparación de estados financieros formales que resumen los efectos que tienen las transacciones sobre los activos, los pasivos y el patrimonio que tienen los dueños de un negocio. Se le llama «ciclo» porque se repite constantemente para proveer estados financieros a intervalos razonables. Los procedimientos que se emplean son los siguientes.

Registro de las transacciones en el diario Se registra cada transacción en el diario cuando se efectúa. Así se crea un registro cronológico de los eventos.

Inscripción en las cuentas del libro mayor Los cambios en los saldos de Debe y Haber se transfieren del diario al libro mayor. Con este paso se clasifican los efectos de las transacciones en cuanto a las cuentas específicas de activos, pasivos o patrimoniales.

Preparación de un balance de comprobación El balance de comprobación comprueba la igualdad de las partidas de debe y haber. Se usa para verificar la exactitud de las transferencias al libro mayor y los cómputos de los saldos de las cuentas de libro mayor.

Preparación de los estados financieros La preparación de los estados financieros provee un resumen de los efectos de las transacciones que se han efectuado hasta la fecha de los estados. La emisión de los estados financieros completa el ciclo contable.

ESTUDIO DE PALABRAS

Ejercicio 1   Study the following cognates that appear in this chapter.

los cálculos	igual	calcular
la secuencia	correcto	registrar
el efecto	inicial	presentar
la transacción	específico	clasificar
la transferencia		completar
los cómputos		
el total		
la columna		
el balance		
el ciclo		
el evento		
la exactitud		

Ejercicio 2 Complete each statement with the appropriate word(s).

1. Cualquier convenio o acuerdo entre un comerciante y un acreedor es una
   _____.
2. En la hoja de balance hay una _____ para Debe y otra para Haber.
3. Restar, sumar, dividir y multiplicar es hacer _____.
4. Otra palabra que significa «cálculos» es _____.
5. Hay que poner las partidas en orden, en _____.

Ejercicio 3 Give the word or expression being defined.

1. hacer cálculos
2. terminar
3. la precisión
4. definido, característico
5. lo que ocurre
6. primero, original
7. sin error
8. el resultado de una cosa
9. serie de fenómenos que siguen un órden determinado

Ejercicio 4 Match the word in Column A with its equivalent in Column B.

A	B
1. completar	a. el cálculo
2. el evento	b. la suma, el monto
3. el cómputo	c. el saldo
4. el balance	d. el suceso
5. el total	e. terminar

Ejercicio 5 Match the English word or expression in Column A with its Spanish equivalent in Column B.

A	B
1. sum, total, amount	a. el balance de comprobación
2. sum, total, amount	b. el paso
3. list	c. clasificar
4. trial balance	d. la suma
5. to agree	e. registrar
6. to sum up, summarize	f. la emisión
7. to classify	g. el monto
8. to take place	h. el patrimonio
9. to verify, check, prove	i. el listado
10. to register, record, enter	j. concordar
11. procedure	k. comprobar
12. step	l. el procedimiento
13. net worth	m. resumir
14. issuance	n. efectuarse
15. accounting cycle	o. el ciclo contable

Ejercicio 6   Give the word or expression being defined.
1. una prueba para verificar el balance del libro mayor
2. el monto
3. tener lugar
4. todo lo que pertenece a un individuo o una empresa
5. estar de acuerdo
6. el proceso
7. la lista
8. condensar
9. copiar una cosa en un libro

Ejercicio 7   Complete each statement with the appropriate word(s).
1. Los _____ o las _____ de debe y haber en el libro mayor tienen que ser iguales.
2. La prueba de la igualdad de los saldos de debe y haber se llama el

   _____.
3. Es un _____ de dos columnas. Cada columna tiene (lleva) título.
4. Las sumas de las dos columnas deben ser iguales. Es decir, deben

   _____.
5. Es necesario _____ todas las transacciones de la empresa en el diario.
6. Es necesario registrarlas en _____, o sea, en orden cronológico.
7. Los estados financieros _____ los efectos de las transacciones de la empresa. Es decir, proveen un resumen.

COMPRENSION

Ejercicio 1   Answer.
1. ¿Cuál es el propósito del balance de comprobación?
2. ¿A qué tiene que ser igual la suma de todos los Haberes?
3. ¿En qué orden se presentan las cuentas en el balance de comprobación?
4. ¿Cuáles son dos pasos en el ciclo contable?
5. ¿Con qué empieza el ciclo contable?
6. ¿Con qué termina el ciclo contable?

Ejercicio 2   In your own words, explain each of the following terms.
1. el balance de comprobación
2. el ciclo contable
3. el diario

Ejercicio 3   True or false?
1. Los saldos de Debe aparecen en la columna derecha del balance de comprobación y en la columna izquierda en la hoja de balance del libro mayor.

2. Al ciclo contable se le llama «ciclo» porque se repite a intervalos razonables.
3. Se registra cada transacción en el diario durante el trimestre en que se efectúa la transacción.
4. Los cambios en los saldos de debe y haber se transfieren del libro mayor al diario.

Ejercicio 4 · Follow the directions.

Dé una lista de los cuatro pasos principales del ciclo contable.

Capítulo 14
HOJA DE TRABAJO

Las grandes empresas preparan estados financieros con mucha frecuencia. Hay que preparar balances de comprobación. Hay que pasar los datos de los diarios a los libros mayores. Hay muchos detalles y, por consiguiente, la probabilidad de error. Para evitar errores en la transferencia de datos de un documento a otro, los contables usan una hoja de trabajo.

Mientras que los diarios y los libros mayores son registros permanentes, la hoja de trabajo no lo es. Los contables preparan la hoja de trabajo con lápiz[1] para poder borrar[2] y corregir errores con mucha más facilidad que en un diario o libro mayor. La hoja de trabajo es una herramienta importante para los contables y su diseño es tal que reduce al mínimo la probabilidad de error porque saca a la luz automáticamente diferentes tipos de discrepancias que podrían trasladarse al diario y luego llevarse al libro mayor. La hoja de trabajo se prepara como paso preliminar en la preparación de los estados financieros formales.

La hoja de trabajo lleva el nombre de la empresa, el título «Hoja de trabajo» y el período de tiempo que cubre la hoja de trabajo. La hoja misma es un papel columnado con espacio a la izquierda para transcribir los títulos de las cuentas y otros datos de identificación, y cinco pares de columnas para debe y haber.

Balance de comprobación sin ajustes En el primer par de columnas se registra el balance de comprobación sin ajustes. Este balance viene del libro mayor. Después de poner todos los saldos de cuenta en la hoja de trabajo, se suman las dos columnas y se registran las sumas.

Ajustes En el segundo par de columnas se registran los ajustes. Para el debe y haber de cada ajuste se asigna una letra clave. La letra facilita la identificación y el pareo de una partida de debe en la columna de ajustes con su correspondiente haber y con las explicaciones breves que aparecen al pie de la hoja de trabajo. Después de que se hayan registrado todos los debes y haberes ajustados, se suma el par de columnas. Al comprobar la igualdad de las sumas de debe y haber se identifica cualquier posible error de cálculo aritmético y así no se pasa a otras columnas de la hoja de trabajo.

Saldos ajustados En el tercer par de columnas se registran los saldos de cuenta con sus ajustes bajo «Saldos ajustados». Cuando una cuenta presenta un saldo de debe y un ajuste de haber o viceversa, se le resta la cantidad inferior a la

---

[1]*pencil*   [2]*to erase*

MULTIMAR S.A.
HOJA DE TRABAJO
FIN DE AÑO 31 OCTUBRE, 1991

	Balance de comprobación sin ajustes		Ajustes		Saldos ajustados		Patrimonial		Hoja de balance	
	Debe	Haber	Debe	Haber	Debe	Haber	Debe	Haber	Debe	Haber
Efectivo	19.600				19.600				19.600	
Cuentas por cobrar	30.800				30.800				30.800	
Anticipo de alquiler	27.000			(a)9.000	18.000				18.000	
Materiales de oficina existentes	4.200			(b)1.400	2.800				2.800	
Equipo de oficina	70.000				70.000				70.000	
Cuentas por pagar		21.000				21.000				21.000
Comisiones no ganadas		12.000	(d)3.000			9.000				9.000
Multimar capital		94.500				94.500				94.500
Multimar retiros	8.200				8.200				8.200	
Comisiones ganadas		80.100		(d)3.000		83.100		83.100		
Gastos salariales	46.200		(e)1.200		47.400		47.400			
Gastos electricidad, agua	1.600				1.600		1.600			
TOTAL	207.600	207.600								
Gastos, alquiler			(a)9.000		9.000		9.000			
Gastos, materiales de oficina			(b)1.400		1.400		1.400			
Gastos, depreciación			(c)3.600		3.600		3.600			
Depreciación acumulada				(c)3.600		3.600				3.600
Salarios por pagar				(e)1.200		1.200				1.200
TOTAL			18.200	18.200	212.400	212.400	63.000	83.100	149.400	129.300
Ingreso neto							20.100			20.100
TOTAL							83.100	83.100	149.400	149.400

cantidad superior, y se registra la diferencia en la columna de debe o haber (según el que sea mayor) del saldo ajustado.

Patrimonial y Hoja de balance Cada cantidad de la columna «Saldos ajustados» se extiende a las columnas de «Patrimonial» o de «Hoja de balance». Los activos, pasivos y la cuenta de capital se extienden a las columnas de Patrimonial o de Hoja de balance; las cuentas de ingresos y gastos se extienden a las columnas de Patrimonial. Se suman las columnas de Patrimonial y Hoja de balance. Se registra el ingreso neto o pérdida neta como cifra[3] de balance[4] en ambos pares de columnas. Una vez más se calculan las sumas de las columnas. El ingreso neto o la pérdida neta para el período se determina haciendo los cómputos de la diferencia entre las sumas de las dos columnas de Patrimonial.

---

[3]*figure*   [4]*both*

ESTUDIO DE PALABRAS

Ejercicio 1   Study the following cognates that appear in this chapter.

la discrepancia	la probabilidad	columnado
el período	la transferencia	permanente
el ajuste	la facilidad	automáticamente
la identificación	el tipo	diferente
la diferencia	el título	preliminar
la cantidad	el período	formal
los datos	el espacio	aritmético
el error	la identificación	
el detalle	la explicación	facilitar

Ejercicio 2   Match the word in Column A with its definition in Column B.

A	B
1. la discrepancia	a. que tiene columnas
2. el período	b. hacerlo más fácil
3. columnado	c. un espacio de tiempo
4. el ajuste	d. acción de poner justa una cosa; arreglarla
5. facilitar	e. una diferencia o desigualdad
6. diferente	f. la información
7. el título	g. distinto
8. los datos	h. el nombre
9. permanente	i. que precede
10. preliminar	j. de siempre y para siempre

Ejercicio 3   Complete each statement with the appropriate word(s).
1. La respuesta no es correcta. El ha cometido un _____.
2. Es algo que se puede hacer _____. No se necesita ayuda ni asistencia.

3. Hay una _____. Los _____ de la primera columna no
   concuerdan con los de la segunda columna.
4. Hay un _____ para escribir el _____ o el nombre de la cuenta.
5. No comprendo la _____ que él ha dado. La tiene que aclarar (hacer
   más clara).

Ejercicio 4   Match the English word or expression in Column A with its
Spanish equivalent in Column B.

A	B
1. worksheet	a. el paso preliminar
2. tool	b. el saldo
3. preliminary step	c. la letra clave
4. pair	d. sacar a la luz
5. key letter	e. el pareo
6. at the bottom of the sheet	f. la hoja de trabajo
7. balance	g. el par
8. expense	h. patrimonial
9. income	i. al pie de la hoja
10. matching	j. la herramienta
11. to bring to light	k. sumar
12. to add	l. el gasto
13. to subtract	m. restar
14. owner's equity	n. el ingreso

Ejercicio 5   Select the appropriate word(s) to complete each statement.
1. Para evitar la posibilidad de errores, los contables preparan _____.
   a. una hoja de trabajo   b. un balance de comprobación
   c. un libro mayor general
2. La hoja de trabajo se prepara como _____ en la preparación de los
   estados financieros.
   a. paso final   b. pareo   c. paso preliminar
3. El ingreso es _____.
   a. un gasto   b. la renta   c. el saldo
4. Una inversión por un _____ de mucho tiempo es una inversión a
   largo plazo.
   a. período   b. paso   c. par
5. La hoja de trabajo tiene cinco _____ de columnas.
   a. letras clave   b. tipos   c. pares
6. Se _____ la columna de Debe y la de Haber.
   a. suman   b. sacan a la luz   c. restan
7. Si hay una discrepancia en el saldo de las dos columnas, _____ la
   cantidad inferior a la cantidad superior.
   a. se le suma   b. se le resta   c. se le divide

8. El diseño de la hoja de trabajo _____ diferentes tipos de discrepancias.

    a. comprueba   b. facilita   c. saca a la luz

COMPRENSION

Ejercicio 1   Answer.

1. ¿Cuándo preparan las grandes empresas los estados financieros?
2. ¿Por qué hay mucha probabilidad de errores?
3. ¿Qué preparan los contables para evitar errores en la transferencia de datos?
4. ¿Qué tipo de documentos son los diarios y los libros mayores?
5. ¿Qué tipo de documento es la hoja de trabajo?
6. ¿Con qué se prepara la hoja de trabajo? ¿Por qué?
7. ¿Qué facilita el diseño de la hoja de trabajo?
8. ¿Qué es la hoja misma?
9. En la hoja de trabajo, ¿qué se asigna a cada ajuste?
10. ¿Dónde aparece la explicación del ajuste?
11. ¿Qué se hace cuando una cuenta presenta un ajuste de debe o de haber?
12. ¿Cómo se determina el ingreso neto o la pérdida neta para el período en cuestión?

Ejercicio 2   Give the following information.

1. lo que lleva la hoja de trabajo
2. el número de pares de columnas para Debe y Haber
3. la información en el primer par de columnas
4. la información en el segundo par de columnas
5. la información que se registra en el tercer par de columnas
6. lo que se extiende a las columnas de Patrimonial

Capítulo 15
ESTADOS FINANCIEROS

Estado de resultados

El propósito de las hojas de trabajo es el de facilitar la preparación de los estados financieros. El estado de resultados se prepara con la información que aparece en las columnas de estado de resultados en la hoja de trabajo.

MULTIMAR S.A.
ESTADO DE RESULTADOS
FIN DE AÑO, 31 DE OCTUBRE, 199_

Ingresos:
    Comisiones ganadas 83.100
Gastos:
    Salarios 47.400
    Electricidad/Agua....................... 1.600
    Alquiler[1]................................. 9.000
    Materiales/oficina....................... 1.400
    Depreciación 3.600
    Total 63.000
    Ingreso neto 20.100

Hoja de balance

De esta manera se prepara también la hoja de balance. Es importante tener en mente que la cuenta de Capital o Patrimonial en la hoja de trabajo muestra el saldo inicial de capital que después tiene que ajustarse con el Ingreso neto y Retiros para determinar el saldo final de capital.

Estados financieros interinos Otra ventaja que tienen las hojas de trabajo es que facilitan la preparación de estados financieros interinos. Las empresas determinan un año fiscal que corresponde al ciclo de sus actividades. El año fiscal de Multimar S.A. comienza el primero de noviembre y termina el 31 de octubre. Las empresas preparan estados financieros mensuales y trimestrales (cada tres meses).

---

[1] *rent*

MULTIMAR S.A.
HOJA DE BALANCE
31 DE OCTUBRE, 199_

ACTIVOS

Activos circulantes:

Efectivo................................	19.600	
Cuentas por cobrar...............	30.800	
Arrendamientos adelantados...	18.000	
Materiales de oficina..............	2.800	
Total activos circulantes.....		71.200
Planta y equipo:		
Equipo de oficina...................	70.000	
Menos: Depreciación acumulada........	3.600	
Total planta y equipo..........		66.400
Total activos		137.600

PASIVOS Y PATRIMONIAL

Pasivos circulantes:

Cuentas por pagar	21.000	
Salarios por pagar.................	1.200	
Comisiones no ganadas..........	9.000	
Total pasivos circulantes.....		31.200
Patrimonial:		
Multimar S.A., capital, 1/11/91	94.500	
Ingreso neto	20.100	
	114.600	
Menos: Retiros......................	8.200	
Multimar S.A., capital, 31/10/91		106.400
Total pasivos y patrimonial.......		137.600

Cierre

Otro paso en el ciclo contable para casi todas las empresas es el cierre. El proceso de cierre sirve para transferir las cuentas de ingreso y gastos a la cuenta de Capital. Esto facilita terminar un período contable y comenzar otro. Al final de un período contable, después del cierre, la cuenta queda[2] en un balance de cero. Un balance de cero al final de un período contable resulta en un balance de cero para el comienzo del período siguiente. Los balances de cierre para cada cuenta de ingreso y gasto se transfieren a la cuenta de Capital. Con esta transferencia a la cuenta de Capital, la cuenta de Capital muestra los balances del fin del período contable.

Balance de comprobación poscierre Para verificar el proceso de ajuste y cierre se emplea el balance de comprobación poscierre. El balance de comprobación poscierre contiene solamente las cuentas de activo, pasivo y capital, porque se han cerrado todas las cuentas de ingreso, gasto y retiros, y los saldos se han transferido a la cuenta de Capital. El balance de comprobación poscierre se prepara en base al libro mayor general después de que se hayan transferido las partidas de ajuste y cierre. Las rayas dobles indican que las cuentas se han cerrado y que se pueden registrar las partidas para el siguiente año.

---

[2] *ends*

ESTUDIO DE PALABRAS

Ejercicio 1   Study the following cognates that appear in this chapter.

el ciclo	inicial	transferir
el proceso	final	verificar
la preparación	fiscal	facilitar
la columna		ajustar
el período		determinar
el balance		comenzar
el cero		

Ejercicio 2   Give the word being defined.
1. el procedimiento
2. pasar de un lugar a otro
3. del principio
4. comprobar
5. serie de fenómenos que ocurren en un orden determinado
6. el contrario de «inicial»
7. hacer más fácil
8. el procedimiento, acción o modo de hacer algo
9. el saldo
10. el contrario de «terminar»
11. decidir

Ejercicio 3 Match the verb in Column A with its equivalent noun form in Column B.

A	B
1. preparar	a. la facilidad
2. transferir	b. la preparación
3. comenzar	c. la verificación
4. verificar	d. la transferencia
5. facilitar	e. el comienzo

Ejercicio 4 Match the English word or expression in Column A with its Spanish equivalent in Column B.

A	B
1. equity account	a. la cuenta de capital (patrimonial)
2. closing	b. trimestral
3. closing trial balance	c. el año fiscal
4. closing balance	d. el cierre
5. interim statement	e. el balance de cierre
6. accounting period	f. los retiros
7. fiscal year	g. el período contable
8. monthly	h. el propósito
9. quarterly	i. mensual
10. double line	j. el estado interino
11. purpose	k. el balance de comprobación poscierre
12. withdrawals	l. la raya doble

Ejercicio 5 Match the definition in Column A with the word it defines in Column B.

A	B
1. cada mes	a. una raya doble
2. cada tres meses	b. el retiro
3. la razón, la intención	c. trimestral
4. dos líneas	d. mensual
5. lo que se saca o se retira de una cuenta	e. el cierre
6. la acción de cerrar	f. el propósito

Ejercicio 6 Give the Spanish equivalent for each item in the following balance sheet.

BALANCE SHEET

Assets	Liabilities and Owner's Equity
Current Assets:	Current Liabilities:
Cash	Accounts Payable
Accounts Receivable	Salaries Payable
Prepaid Rent	Unearned Commissions

Office Suppies on Hand
   Total Current Assets

Plant and Equipment:
  Office Equipment
  Less: Accumulated Depreciation
   Total Plant and Equipment
Total Assets

Total Current Liabilities

Owner's Equity:
  Capital 11/1/9_
  Net Income
  Less: Withdrawals
   Capital 10/31/9_
Total Liabilities and Owner's Equity

COMPRENSION

Ejercicio 1 Answer.
1. ¿Cuáles son los saldos indicados para la cuenta de capital (patrimonial) en la hoja de trabajo?
2. ¿Cómo se llaman los estados financieros que las empresas preparan mensual o trimestralmente?
3. ¿Cómo determina la empresa un año fiscal?
4. Ya hemos discutido varios pasos en el ciclo contable. ¿Cuál es otro paso en este ciclo?
5. ¿Para qué sirve el ciclo de cierre?
6. ¿Qué facilita el cierre?
7. Después del cierre, ¿en qué queda cada cuenta de ingresos y gastos?
8. ¿Qué cuentas contiene el balance de comprobación poscierre?
9. ¿Qué indican las rayas dobles?

Ejercicio 2 In your own words, explain each of the following terms.
1. el cierre
2. el balance de cierre
3. el balance de comprobación poscierre

Capítulo 16
LA CONTABILIZACION
DE MERCADERIAS

En la economía de los EE.UU. la proporción de negocios que proveen servicios es cada vez mayor: las líneas aéreas, los hoteles, los servicios de salud[1], etc. Los ingresos para esas empresas provienen de los clientes que pagan por los servicios. El ingreso neto de un negocio que provee servicios es igual al exceso de ingreso sobre los gastos operativos.

Estados de resultados de las empresas mercantiles

A pesar del crecimiento del sector de servicios, el sector que se dedica a la venta de mercaderías sigue siendo importante. Las empresas mercantiles, tanto mayoristas como minoristas, obtienen sus ingresos de la venta de bienes o mercancías. Por lo tanto, uno de los costos más importantes es el costo a la empresa de la mercancía que se venderá a los clientes. Este costo se llama el «costo de mercaderías vendidas», o «costo de ventas», y se muestra aparte de los costos operativos en el estado de resultados. Por consiguiente, el estado de resultados de una empresa mercantil presenta tres secciones: la de ingresos, la de costo de ventas y la de gastos operativos. Los estados de resultados de las empresas mercantiles se contrastan con los de empresas de la rama de servicios en que presentan dos ítemes adicionales, el costo de ventas y un total para margen o ganancia bruta.

LA OFICINA MODERNA
ESTADO DE RESULTADOS
31 DICIEMBRE, 199_

Ventas netas..	1.000.000
Menos: Costo de las mercaderías vendidas	550.000
Ganancia bruta	450.000
Menos: Gastos operativos..................................	400.000
Ingreso neto...	50.000

---

[1] *health*

Margen o ganancia bruta El ingreso por ventas es el precio de venta de las mercaderías vendidas durante el período. El costo de los bienes vendidos es lo que la mercancía le cuesta a la empresa. La diferencia entre el ingreso por ventas y el costo de las mercaderías vendidas se llama «margen» o «ganancia bruta». Para que una empresa mercantil tenga éxito[2], su ganancia bruta tiene que ser mayor que sus gastos operativos. Es decir, el ingreso neto de una empresa mercantil es el sobrante de los ingresos sobre el total del costo de las mercaderías vendidas y los gastos operativos de la empresa. El ingreso por venta de mercaderías se registra en una cuenta de ingresos que lleva el nombre de «ventas». Las «ventas netas» son las ventas menos los descuentos, las devoluciones de compras y las bonificaciones sobre compras.

LA OFICINA MODERNA
ESTADO DE RESULTADOS PARCIAL
31 DICIEMBRE, 199_

Ingreso por ventas..		1.012.000
Menos: devoluciones y bonificaciones..................	8.000	
descuentos...	4.000	12.000
Ventas netas...		1.000.000

El total de 1.012.000 de ventas se llama «ventas brutas» y representa el total de las ventas por efectivo y por crédito durante el año.

Inventario

Las empresas mercantiles compran y venden mercancías continuamente. El costo de la mercancía vendida durante el año aparece en el estado de resultados como una deducción al ingreso neto por ventas. El costo de la mercancía en manos de la empresa al fin del año figura en la hoja de balance como un activo denominado «inventario». Se determina el costo del inventario contando las unidades y viendo su precio en los registros. El costo de los bienes vendidos se determina o por el método de inventario periódico o por el método de inventario permanente.

Inventario periódico En el primer método se hace un recuento físico de las mercaderías o inventario físico. Este proceso es costoso e inconveniente, y por eso se usa normalmente sólo al fin del año. Para determinar el costo de ventas con este método, los estados contables tienen que mostrar el costo del inventario al comienzo y al fin del año y el costo de la mercancía que se compró durante todo el año.

Inventario permanente Con el sistema de inventario permanente, la cuenta de inventario se mantiene siempre al día. Una cuenta en el libro mayor muestra el costo de la mercancía vendida durante el período. Cuando se compra mercancía se registra un debe en la cuenta de inventario. Cuando se vende se hace dos entradas.

---

[2]*to be successful*

La primera registra el ingreso por ventas (debe en Cuentas por cobrar y haber en Ventas; la segunda reduce el balance de la cuenta de inventario y registra el costo de los bienes vendidos (debe en la cuenta de Costo de ventas y haber en Inventario). El sistema de inventario permanente es más común en las empresas con mercancía de alto valor como automóviles o muebles, donde el número de ventas es pequeño y el registro de las ventas es sencillo.

ESTUDIO DE PALABRAS

Ejercicio 1 Study the following cognates that appear in this chapter.

el exceso	operativo	obtener
el sector	adicional	reducir
el cliente	periódico	proveer
el costo	permanente	costar
el ítem	físico	mantener
el margen	mercantil	registrar
el descuento	neto	
la deducción	inconveniente	
el inventario	común	
la unidad	por crédito	
la economía		
el servicio		
la diferencia		
el inventario		
el método		

Ejercicio 2 Match the verb in Column A with its noun form in Column B.

A	B
1. exceder	a. el costo
2. descontar	b. el exceso
3. deducir	c. la reducción
4. reducir	d. la deducción
5. costar	e. el descuento
6. mantener	f. el registro
7. registrar	g. el mantenimiento
8. proveer	h. la provisión

Ejercicio 3 Complete each statement with the appropriate word(s).
1. El _____ son las existencias que quedan.
2. Para determinar el inventario, es necesario contar las _____ que quedan.
3. El _____ es el que compra un bien o servicio.

4. Muchos negocios les dan a los clientes un _____, sobre todo si compran en grandes cantidades.

5. La diferencia entre el ingreso por ventas y el costo de las mercaderías se llama _____.

6. Se _____ el inventario cada vez que se hace o se efectúa una venta.

Ejercicio 4   Match each word or expression in Column A with its definition in Column B.

A	B
1. mercantil	a. una reducción en el precio
2. el descuento	b. de siempre
3. la unidad	c. que se reproduce a intervalos
4. el exceso	d. la manera
5. neto	e. la pieza
6. permanente	f. el sobrante
7. periódico	g. ordinario no raro, corriente
8. el método	h. el contrario de «bruto»
9. común	i. el obstáculo o impedimiento
10. inconveniente	j. relativo a las mercancías o mercaderías

Ejercicio 5   Match the English word or expression in Column A with its Spanish equivalent in Column B.

A	B
1. business	a. el minorista
2. merchandise	b. las bonificaciones
3. wholesaler	c. el negocio
4. retailer	d. los gastos operativos
5. cost of sales	e. la ganancia bruta
6. operating expenses	f. las mercancías, las mercaderías
7. profit and loss statement	g. al día
8. gross margin	h. el estado de resultados
9. allowances	i. el costo de ventas
10. returns	j. sobrante
11. surplus, remainder	k. el mayorista
12. up-to-date	l. las devoluciones

Ejercicio 6   Complete each statement with the appropriate word(s).

1. La meta de un _____ mercantil es la de vender mercancías.

2. El _____ vende en grandes cantidades.

3. El _____ vende en pequeñas cantidades.

4. El _____ vende al por mayor y el _____ vende al por menor.

5. El _____ es lo que le cuesta a la empresa comprar las mercancías que venderá.

6. La renta o el alquiler que se paga por la tienda es un ejemplo de un costo _____.

7. La diferencia entre el ingreso por ventas y el costo de las mercaderías se llama «la _____».
8. Las _____ son las mercancías que por una razón u otra los clientes devuelven a la empresa.
9. Lo que queda después de un período de tiempo es el _____.
10. Si la empresa tiene un sistema de inventario permanente, la cuenta de inventario se mantiene al _____.

COMPRENSION

Ejercicio 1 Identify each of the following.
1. una empresa mercantil
2. el mayorista
3. el minorista
4. el costo de ventas
5. los gastos operativos
6. el ingreso por ventas
7. la ganancia bruta
8. las ventas netas
9. el inventario
10. el costo del inventario

Capítulo 17
CONTROL INTERNO

Control interno o corporativo

El sistema de control interno o control corporativo se refiere a todas las medidas que toma la empresa para proteger sus recursos contra el desperdicio, el fraude o el uso ineficiente; para asegurar la precisión y confiabilidad de los datos contables y operativos; para asegurar la conformidad con la política de la administración y para evaluar el funcionamiento de todas las divisiones de una empresa. Los controles internos son administrativos y contables.

Controles contables Los controles contables son las medidas que tienen que ver directamente con la protección de activos o la confiabilidad de la información contable. Dos ejemplos son el uso de cajas registradoras para proveer un registro inmediato de cobros[1] en efectivo y el recuento físico de inventario incluso cuando se emplea el sistema de inventario permanente.

Controles administrativos Los controles administrativos son medidas cuyo propósito es mejorar la eficiencia operativa. No tienen nada que ver con la confiabilidad de los registros contables. El requisito de exámenes médicos para los pilotos comerciales es un ejemplo de control administrativo.

El sistema contable

El objetivo del sistema contable de una empresa es el de proveer información financiera útil. El propósito del sistema de control interno es el de mantener el negocio en camino[2] de acuerdo con los planes y la política empresariales. Los dos sistemas son estrechamente relacionados e interdependientes. El sistema contable consiste de los diarios, libros mayores, procedimientos y controles internos necesarios para producir estados financieros confiables y otros informes contables.

Los sistemas contables pueden ser muy sencillos, con los registros mantenidos manualmente, o pueden ser computerizados. El sistema debe ser diseñado de acuerdo con el tamaño y las necesidades de la empresa. Dos recursos muy valiosos son los subdiarios y los libros mayores auxiliares. Los libros mayores auxiliares contienen varias cuentas con información detallada que se resume en una sola cuenta en el libro mayor. Los subdiarios se dedican cada uno a sólo un tipo de transacción. Por eso las empresas se valen de[3] un diario general además de varios subdiarios.

---

[1]*payments*   [2]*in operation*   [3]*use*

Subdiarios Los subdiarios más comunes son el de ventas, el de compras, el de caja ingresos (cobros) y el de caja egresos (pagos). El subdiario de ventas registra un debe en la cuenta del cliente para cada venta. Las partidas no llevan explicación. El número de factura se registra en el subdiario de ventas para cada partida.

S*ubdiario de ventas*

Fecha		Cuenta debe	# factura		cantidad
199_	2	José Arcona Núñez	301	✔	450
nov.	4	Horacio Carrera Blanco	302	✔	1.000
	5	Roberto Cruz Campos	303	✔	975
	11	Catalina Dávila Romero	304	✔	620
	18	Ramona Errazúriz Camargo	305	✔	900
	23	Mariano Figueres Téllez	306	✔	400
	29	Felipe González Robledo	307	✔	11.850
					16.195

En el subdiario de ventas se registran solamente las ventas por crédito. Las ventas en efectivo se registran en el subdiario caja ingresos. El signo[4] (✔) se usa para indicar que la transacción se registró también en el libro mayor auxiliar para cuentas por cobrar. El subdiario de compras muestra todas las compras de mercancía por crédito. Si las compras se efectúan con efectivo, la transacción aparece en el subdiario caja egresos. La «mercancía» que se registra en este subdiario se refiere solamente a mercaderías[5] que se venderán después a los clientes.

El subdiario caja ingresos se usa para registrar todas las transacciones para las que se recibe efectivo, por ejemplo, las ventas de mercancías en efectivo. Cada venta se registra en la caja registradora. Al final del día se saca el total de la caja y se registra en el subdiario caja ingresos. Los otros tipos de transacciones se registran por separado en el subdiario, una partida para cada una. El subdiario caja egresos registra todos los pagos en efectivo. Ejemplos son los pagos a acreedores, pagos para gastos operativos y las compras de mercancías en efectivo. Todos los pagos se deben efectuar por cheque numerado.

Diario general Aquellas transacciones que no corresponden a ninguno de los subdiarios se registran en el diario general—declaraciones de dividendos, la compra de equipo o planta por crédito, la devolución de mercancía por la empresa o por los clientes a la empresa.

---

[4]*symbol* [5]*merchandise*

ESTUDIO DE PALABRAS _____

Ejercicio 1   Study the following cognates that appear in this chapter.

el control	el objetivo	ineficiente
el fraude	el plan	computerizado
la precisión	la necesidad	interno
la administración	la transacción	administrativo
el funcionamiento	el tipo	manualmente
la división	la explicación	auxiliar
la protección	el total	numerado
el sistema	el cheque	físico
el uso	la declaración	
los datos	el dividendo	evaluar
la información	la conformidad	
la eficiencia		

Ejercicio 2   Give the Spanish equivalent for each word or expression.
1. internal control
2. transaction
3. check
4. computerized
5. division (of a company)
6. fraud
7. precision
8. protection
9. inefficient
10. to evaluate

Ejercicio 3   Complete each expression with the appropriate word.
1. internal control   el _____ interno
2. inefficient use   el _____ ineficiente
3. accounting information   la _____ contable
4. numbered check   el _____ numerado
5. physical count   el recuento _____

Ejercicio 4   Match each verb in Column A with its noun form in Column B.

A	B
1. evaluar	a. la declaración
2. controlar	b. la protección
3. necesitar	c. la evaluación
4. declarar	d. el uso
5. usar	e. la división

6. proteger
7. dividir
8. funcionar

f. la necesidad
g. el funcionamiento
h. el control

Ejercicio 5   Give the word or expression being defined.
1. lo que pagan los bonos y otras inversiones
2. la meta, el propósito, el fin, el intento, la intención
3. el contrario de «mental»
4. una definición o descripción de algo para hacerlo más comprensible
5. lo que se necesita, algo obligatorio
6. el acuerdo, estado de ser parecido (lo mismo)
7. la suma, el monto
8. el modelo, el género
9. determinar el valor
10. la dirección, la gerencia

Ejercicio 6   Match the English word or expression in Column A with its Spanish equivalent in Column B.

A	B
1. measures	a. los recursos
2. resources	b. el libro mayor auxiliar
3. waste	c. asegurar
4. reliability	d. el diario
5. reliable	e. el subdiario de compras
6. to assure	f. el desperdicio
7. policy	g. el subdiario caja ingresos
8. cash register	h. en efectivo
9. subsidiary ledger	i. la confiabilidad
10. journal	j. la factura
11. special journal	k. el subdiario de ventas
12. cash receipts journal	l. la política
13. cash disbursements journal	m. el diario general
14. sales journal	n. la caja registradora
15. purchases journal	o. el subdiario
16. general journal	p. las medidas
17. bill	q. el subdiario caja egresos
18. in cash	r. confiable

Ejercicio 7   Select the appropriate word(s) to complete each statement.
1. La empresa tiene que tomar _____ para asegurar la confiabilidad de los datos contables o financieros.
   a. recursos   b. medidas   c. políticas
2. Yo tengo mucha confianza en _____ de los datos en el estado financiero.
   a. el efectivo   b. la caja   c. la confiabilidad

3. _____ le indica al cliente el total que tiene que pagar por la mercancía.
   a. El subdiario   b. El desperdicio   c. La factura
4. La empresa tiene que _____ la confiabilidad de sus datos contables.
   a. asegurar   b. dividir   c. funcionar
5. No pagó con cheque. Pagó en _____.
   a. la caja   b. efectivo   ventas

Ejercicio 8   Indicate the type of journal being described.
1. Se registra un debe en la cuenta del cliente para cada venta por crédito.
2. Se registra cada venta pagada en efectivo.
3. Muestra todas las compras de mercancía por crédito por la empresa.
4. Muestra las compras que se efectúan en efectivo.
5. Se registran todas las transacciones para las que se recibe efectivo.
6. Se registran todos los pagos en efectivo.

COMPRENSION

Ejercicio 1   Answer.
1. ¿A qué se refiere el sistema de control interno?
2. ¿Cuál es el propósito del sistema de control interno?
3. ¿Qué son los controles contables?
4. ¿En qué consiste el sistema contable?
5. ¿A qué se dedican los subdiarios?

Ejercicio 2   In your own words, explain each of the following terms.
1. el subdiario de ventas
2. el subdiario de compras
3. el subdiario caja ingresos
4. el subdiario caja egresos
5. el diario general

Capítulo 18
EL EFECTIVO

Porque el efectivo es valioso, fácil de transportar y es difícil determinar su dueño[1], es muy importante que haya control interno del efectivo para prevenir el fraude o el hurto en conexión con las transacciones por efectivo. Para los contables, el efectivo es un activo circulante en depósito en un banco que se puede retirar inmediatamente y que se puede emplear para cualquier propósito de negocio, o un activo circulante que un banco acepta automáticamente como depósito. El efectivo es, para los contables, el papel-dinero y las monedas, el dinero en cuentas corrientes, un cheque contra una cuenta corriente, cheques de viajero, giros postales y el dinero en ciertas cuentas de ahorros. No se consideran efectivo los sellos o estampillas postales, los pagarés o los títulos o bonos del gobierno.

Control del efectivo por cobrar

Por lo general las transacciones se efectúan por cheque o en efectivo. Hay que tener un sistema de control para el efectivo que se recibe sobre el mostrador o por correo.

Efectivo sobre el mostrador En las tiendas la caja registradora es un control físico que se usa para mantener seguro el efectivo hasta que se lleve a la caja fuerte del negocio. La caja registradora muestra el importe o la cantidad de la venta para que el cliente lo pueda ver. Con frecuencia el mismo cliente se da cuenta de errores en los registros a la caja registradora. La caja registradora registra cada transacción en el sistema contable computerizado o en una cinta magnética o de papel bajo llave [2] en la caja misma. Más tarde un empleado de la sección contable compara el dinero de la caja con la cantidad que se registró. Esta comparación les indicará discrepancias indicadoras de error o hurto. El cajero verifica el recuento del dependiente y le da un recibo por escrito; luego se asegura de que el efectivo se deposite en el banco cuanto antes[3].

El efectivo por correo Para el efectivo que se recibe por correo, los pasos son los siguientes. Dos empleados abren los sobres juntos para reducir la probabilidad de que un empleado deshonesto robe el efectivo sin que se le detecte. Los dos empleados preparan tres copias de un documento que muestra el nombre del cliente que mandó el dinero, el propósito para que lo mandó y la cantidad que se

---

[1]*owner*   [2]*under lock and key*   [3]*as soon as possible*

recibió. Una copia se manda al cajero con el efectivo; otra copia se manda al departamento de contabilidad para que se registre la transacción y la tercera se archiva. El cajero deposita el efectivo en el banco cuanto antes. El departamento de contabilidad registra un haber en la cuenta del cliente y cualquier otro registro contable apropiado. Más adelante otra persona compara la cantidad depositada por el cajero con el total de partidas de haber en las diferentes cuentas. Cuando las dos cantidades no son iguales, es una indicación de hurto o error.

Control del efectivo por pagar

El control del efectivo por pagar es quizás más importante que el control del efectivo por cobrar. Se han hurtado enormes cantidades de dinero de empresas pagando a compañías ficticias o por bienes y servicios que nunca se han recibido. El control interno sobre el efectivo por pagar tiene el propósito de evitar este tipo de fraude. Los pasos en este control incluyen la conciliación bancaria, la caja chica, los descuentos por efectivo y el método de vales.

Conciliación bancaria Lo más importante es que todos los pagos se efectúen por cheque numerado. Todos los cheques se le presentan al banco para cobrar. El banco envía un estado de cuenta cada mes con un recuento de todos los cheques que se han presentado para cobrar y todos los depósitos y cargos por servicios bancarios para el período. Con frecuencia, el saldo final en el estado mensual del banco no está de acuerdo con el saldo que aparece en la chequera. Alguien en la empresa tiene que determinar las razones por la diferencia entre los dos saldos finales. Una explicación satisfactoria y completa de las diferencias entre los registros del banco y de la empresa se llama «conciliación bancaria». Las conciliaciones bancarias son un paso importante en el sistema de control interno. Ayudan en la localización de errores en el sistema de registro y en descubrir intentos de fraude.

La caja chica A pesar de las ventajas de pagos por cheque, a veces es más práctico pagar con efectivo. Ejemplos son la compra de unos sellos postales o el pago de un viaje en taxi. Una pequeña cantidad de efectivo se aparta de la cuenta corriente para establecer una caja chica. Se entregan[4] estos fondos a una persona responsable por la caja chica, un secretario o tenedor de libros, por ejemplo. Los pagos de caja chica se hacen sólo con autorización por escrito. Esta autorización se llama «un vale». Cuando es necesario abastecer la caja chica, la persona responsable entrega los vales al administrador con autoridad para abastecerla.

Descuentos por efectivo Se ofrecen descuentos por efectivo para que los compradores paguen rápidamente. Ya se sabe que el dinero tiene un valor temporal. Si se ofrece un descuento del 2% por pagos dentro de 10 días y el comprador no se aprovecha[5], entonces está tomando dinero prestado al vendedor al 2% por los 20 días restantes (si hay que pagar en 30 días). El sistema de control interno debe producir información contable con prontitud[6] para asegurar que las facturas se paguen dentro del período de descuento.

---

[4]*are given* [5]*does not take advantage of* [6]*promptly*

Método de vales En las grandes empresas algunos empleados efectúan los pedidos de bienes y servicios. Otros reciben e inspeccionan; otros deciden cuánto y cuándo pagar y aún otros escriben y mandan los cheques. Por eso es necesario tener un sistema formal de control interno que asegure que las actividades de adquirir bienes y servicios y de pagar por ellos son separadas. No obstante, tiene que haber comunicación por escrito para conectar las actividades de los diferentes empleados para que la gerencia pueda vigilar y controlar las actividades. Para este fin sirve el método de vales. Así las empresas grandes tienen un departamento de compras con responsabilidad para las compras para todos los departamentos. Las ventajas son el control interno y la oportunidad de combinar compras y obtener descuentos. Los pasos típicos son los siguientes.

- Se recibe la factura.
- Se prepara el vale con la información de la factura—fecha, número de la factura, importe y el nombre y la dirección del acreedor.
- El vale con la factura adjunta se envía a los empleados responsables de verificar los precios, cantidades, etc., de la factura con el informe de recibo.
- Después de la verificación y las firmas de los empleados que han hecho las verificaciones, el vale y los otros documentos se envían al departamento de contabilidad donde se indican las cuentas para debe y haber.
- Un oficial del departamento de contabilidad revisa[7] el vale para asegurar que los procedimientos de verificación se han seguido satisfactoriamente.

Después se entra el vale en un diario, el registro de vales. La parte de debe en la partida se registra en una cuenta llamada «vales por pagar». Entonces se archiva el vale en un archivo de vales por pagar según la fecha de pago. Esa fecha es el último día válido para un descuento. El día de pago, un empleado en el departamento de contabilidad prepara un cheque para la firma del tesorero y registra el pago del vale en el subdiario «registro de cheques». El que prepara el cheque no es la persona que lo firma. El vale se aprueba[8] en contabilidad, pero se paga en finanzas. Una sola persona nunca puede aprobar los pagos y también firmar los cheques.

---

[7]*reviews*   [8]*is approved*

ESTUDIO DE PALABRAS

Ejercicio 1   Study the following cognates that appear in this chapter.

el fraude	la autoridad	el error
la conexión	el depósito	el cheque
la comparación	el control	el intento
la copia	la transacción	los fondos
el documento	el sistema	
la conciliación	la cantidad	interno
la autorización	el banco	postal

deshonesto   detectar   prevenir
numerado   transportar   verificar
satisfactorio   determinar   depositar
completo
en depósito

Ejercicio 2   Give the Spanish equivalent for each of the following terms.
1. to detect fraud
2. two copies of the document
3. on deposit
4. bank reconciliation
5. the authority to give authorization
6. an internal control system

Ejercicio 3   Complete each statement with the appropriate word(s).
1. Es fácil mover el dinero en efectivo de un lugar a otro. Es decir, es fácil de
   _____.
2. Ellos quieren crear y poner en práctica un nuevo sistema de control
   _____.
3. El quiere _____ los fondos en el banco. No quiere retirar los
   _____ del banco.
4. No me gusta decirlo pero la verdad es que él es un tipo _____.
5. No quiere pagar en efectivo. Va a pagar con _____.
6. El _____ de fraude es un crimen.

Ejercicio 4   Match the word or expression in Column A with its definition in
Column B.

A	B
1. los fondos	a. la falta, la equivocación
2. satisfactorio	b. lo contrario de «externo»
3. el error	c. el capital
4. verificar	d. chequear, revisar
5. prevenir	e. que satisface
6. interno	f. no dejar o permitir que ocurra

Ejercicio 5   Match the verb in Column A with its noun form in Column B.

A	B
1. detectar	a. el depósito
2. verificar	b. el intento
3. depositar	c. la prevención
4. prevenir	d. el transporte
5. intentar	e. la detección
6. comparar	f. la autorización
7. autorizar	g. la verificación
8. controlar	h. la determinación
9. transportar	i. el control
10. determinar	j. la comparación

Ejercicio 6   Match the English word or expression in Column A with its Spanish equivalent in Column B.

A	B
1. cash	a. el giro postal
2. paper money	b. la caja registradora
3. coin	c. sobre el mostrador
4. stamp	d. la moneda
5. postal money order	e. el hurto
6. promissory note	f. el importe
7. bond	g. el efectivo
8. theft	h. el pagaré
9. cash register	i. el cajero
10. amount, price	j. el dinero-papel
11. over-the-counter	k. la caja fuerte
12. entry	l. el sello, la estampilla
13. tape	m. el recuento
14. cashier	n. la cinta
15. count, recount	o. el bono, el título
16. safe	p. la partida

Ejercicio 7   Tell what is being described.
1. un documento por el cual uno promete pagar una cantidad de dinero en determinado período de tiempo a determinada persona
2. los billetes de $1, $5, $10, $20 y $100
3. pieza de metal que sirve de dinero
4. la acción de robar
5. el precio
6. el título
7. la acción de contar otra vez
8. lo que se pone en una caja registradora para registrar cada venta
9. un documento oficial del correo para trasladar fondos
10. mueble donde se guarda el dinero
11. lo que se pone en un sobre antes de enviar una carta.
12. máquina que se usa en muchas tiendas para registrar el importe de cada venta

Ejercicio 8   Match the English word or expression in Column A with its Spanish equivalent in Column B.

A	B
1. to file	a. la firma
2. voucher	b. los cargos por (de) servicio
3. receipt	c. la chequera
4. order, purchase	d. la caja chica
5. signature	e. la caja registradora
6. check	f. archivar

7. checkbook	g. el registro de vales
8. checking account	h. el cheque
9. balance	i. el departamento de compras
10. account statement	j. el vale
11. service charge	k. abastecer
12. savings account	l. la cuenta corriente
13. petty cash	m. el recibo
14. to replenish	n. el período de descuento
15. to acquire	o. el pedido
16. cash register	p. vale por pagar
17. voucher payable	q. revisar
18. voucher register	r. el saldo, el balance
19. discount period	s. el estado de cuenta
20. to check	t. adjunto
21. purchasing department	u. la cuenta de ahorros
22. accounting department	v. adquirir
23. attached	w. el departamento de contabilidad
24. bill	x. la factura

Ejercicio 9 Complete each statement with the appropriate word(s).

1. El dinero que se deposita en _____ es el dinero que se espera usar en el futuro.
2. Se puede escribir cheques contra el dinero que se deposita en una _____.
3. El cliente del banco tiene sus cheques en una _____.
4. Cada mes el cliente recibe _____ del banco.
5. Se espera que el _____ que tiene el cliente en su chequera esté de acuerdo con el que aparece en el estado de cuenta del banco.
6. Algunos bancos imponen _____ y otros no.
7. Cada cheque tiene que llevar la _____ de una persona autorizada.
8. _____ provee una pequeña cantidad de dinero para servicios o bienes que por motivos prácticos se pagan en efectivo.
9. El _____ es un documento por escrito que afirma haber recibido el dinero.
10. El _____ que envía el comprador indica la cantidad de la mercancía que quiere.
11. Un _____ es un tipo de pagaré por el cual uno reconoce una deuda.
12. Al recibir un pedido, la empresa envía las mercancías pedidas y una _____ que indica el total (la suma, el importe) a pagar.
13. Cuando no queda dinero en la caja chica, hay que _____ la caja.
14. De las tres copias del vale, hay que _____ una.
15. Aquí tiene Ud. una copia de la factura con el cheque _____.

COMPRENSION

Ejercicio 1   Answer.
1. Para los contables, ¿qué es el efectivo?
2. ¿Cuáles son algunas funciones de la caja registradora?
3. ¿Con qué compara el empleado de la sección contable el dinero de la caja?
4. ¿Cuántos empleados abren los sobres cuando se recibe el efectivo por correo? ¿Por qué?
5. ¿Y qué preparan?
6. ¿Qué se hace con las copias?
7. ¿Por qué es de suma importancia el control del efectivo por pagar?
8. ¿Con qué se efectúan los pagos?
9. ¿Qué envía el banco cada mes?
10. ¿Qué indica el estado?
11. ¿Qué pasa si el saldo final en el estado mensual de banco no está de acuerdo con el saldo que aparece en la chequera del cliente?
12. ¿Por qué es casi obligatorio establecer una caja chica?
13. ¿Por qué se ofrecen descuentos por pagos en efectivo?
14. ¿Cuál es el sistema de vales?
15. ¿Cuál es la responsabilidad del departamento de compras?
16. ¿Cuáles son algunas ventajas de tener un departamento de compras?

Ejercicio 2   Complete each statement with the appropriate word(s).
1. Al recibir la factura se prepara _____.
2. La información que aparece en el vale es _____.
3. El vale con la factura adjunta se envía _____.
4. Luego el vale con las verificaciones y las firmas de los empleados apropiados se envía _____.
5. Un oficial del departamento de contabilidad _____.
6. Después se entra el vale en _____.
7. Se archiva el vale en _____.
8. La fecha de pago es _____.
9. El día del pago un empleado en el departamento de contabilidad _____.
10. El que prepara el cheque no _____.

Capítulo 19
LOS ACTIVOS

Activos fijos y activos circulantes

Los economistas, tradicionalmente, han categorizado a los activos de una empresa como «fijos» o «circulantes» («corrientes»). Solamente los activos que se emplearán en la operación de la empresa o que se convertirán en efectivo durante un año se consideran activos circulantes. Los activos fijos son la planta física, el equipo y los bienes raíces. Estos activos tienen una vida larga y, además, son tangibles. Ejemplos son la tierra, los edificios, la maquinaria, el equipo de oficina, los vehículos y los recursos naturales. También hay activos no tangibles: inversiones en bonos y acciones de otras empresas, patentes de invención, marcas registradas, bienes raíces que no se emplean en las operaciones de la empresa pero que son una inversión, edificios y planta que no se han terminado de construir. Tangibles son los activos físicos: la tierra, un edificio y una máquina. Estos se dividen entre los que se deprecian—aquéllos cuya vida productiva tiene límite, tales como los edificios y la maquinaria—y la tierra, que no se deprecia porque tiene una existencia sin límite. Los activos circulantes como cuentas por cobrar o pagos anticipados no se incluyen en la categoría de activos intangibles aunque carecen de[1] sustancia física.

Costos de los activos fijos Para fines[2] contables, es útil pensar en los activos de planta y equipo como una serie de servicios que se reciben durante un período de años. Un edificio se puede considerar como una compra anticipada de muchos años de servicio de alojamiento[3]. El costo de un camión se registra en la cuenta de planta y equipo y representa la compra anticipada de varios años de servicio de transporte. Cuando se comparan los activos fijos con los pagos anticipados, se puede comprender mejor el proceso contable que se emplea para registrar los costos de los activos fijos durante varios períodos contables durante los cuales se reciben los beneficios de esos activos.

El costo inicial de un activo fijo normalmente incluye más que sólo el precio de compra. En el costo inicial se incluyen todos los gastos razonables y necesarios para adquirir el activo, colocarlo[4] en su lugar y en condiciones para su uso.

---

[1]*they lack*   [2]*purposes*   [3]*housing*   [4]*position it*

Ejemplo:

Precio de venta de la máquina...............................	10.000
Menos: descuento (2% x 10.000)	200
Precio neto en efectivo..	9.800
Impuesto sobre ventas..	588
Flete[5]...	1.250
Transporte de la terminal a la fábrica....................	150
Instalación (Mano de obra)	400
Costo de la máquina	12.188

Todos los cargos relacionados con la adquisición de la nueva máquina se incluyen en el costo. Los beneficios que se derivan de la compra de la máquina se recibirán durante varios años. Por eso, el costo total de la máquina debe registrarse en las cuentas como activo y parearse con los beneficios recibidos durante esos años. Todos los costos relacionados con la compra de la máquina son costos de los servicios que se recibirán de la máquina. Este principio contable se llama el del «pareo de costos y rentas».

Depreciación y liquidación de activos Los activos tangibles, menos la tierra, tienen un límite de tiempo de uso. En términos contables, la depreciación es la consignación del costo de un activo tangible de planta a los gastos en los períodos durante los cuales se reciben los beneficios del activo. El propósito de la depreciación es lograr[6] el principio de pareo, de balancear (poner en equilibrio) las rentas en un período contable con los costos de los bienes y servicios que se consumen para lograr esas rentas.

Cuando un activo fijo que se deprecia se liquida, se vende, se tira o se cambia por otro, el costo del activo se quita[7] de la cuenta de activos y la depreciación acumulada se quita de la cuenta contraactivos correspondiente. Cuando un activo fijo se ha depreciado a su máximo, no se puede registrar depreciación adicional aunque el activo esté en buenas condiciones y continúe funcionando. El propósito de la depreciación es distribuir el costo de un activo a través de los períodos de su utilidad. Los gastos de depreciación jamás pueden exceder el costo inicial del activo. Si un activo sigue en uso después de llegar al límite de su depreciación, las cuentas de activo y de depreciación acumulada deben mantenerse en los registros contables sin partidas adicionales hasta que se retire el activo.

Cuando se venden los activos de planta o equipo, cualquier ganancia o pérdida se computa comparando el costo inicial menos la depreciación acumulada con la cantidad que se recibe de la venta. Un precio de venta mayor que el costo inicial menos la depreciación acumulada resulta en una ganancia; un precio de venta menor que el costo inicial menos la depreciación acumulada resulta en una pérdida. Estas ganancias o pérdidas se registran por separado en el estado de resultados al calcular los ingresos por operaciones.

---

[5]*freight*   [6]*to achieve*   [7]*is removed*

Activos intangibles

Los activos intangibles son aquéllos que se usan en la operación de una empresa pero que no tienen sustancia física o material y que no son circulantes. Patentes de invención, marcas registradas y hasta la buena voluntad son activos intangibles. Un activo intangible se registra en la hoja de balance sólo y cuando haya existido un costo en conexión con su desarrollo[8] o adquisición.

Amortización «La amortización» es el término que se emplea para describir el proceso de asignar a gastos el costo de un activo intangible a través de su vida productiva. La partida contable para la amortización es un debe a Gastos de amortización y un haber a la cuenta de activos intangibles. El costo de un activo intangible debe deducirse de las rentas durante los años en que se espera que contribuya a producir beneficios. El período máximo autorizado para la amortización de un activo intangible no puede sobrepasar[9] los 40 años.

---

[8]*development*   [9]*exceed*

ESTUDIO DE PALABRAS

Ejercicio 1   Study the following cognates that appear in this chapter.

el vehículo	el uso	depreciar
la depreciación	la liquidación	distribuir
el límite	el balance	asignar
la existencia	la patente	categorizar
la adquisición	la invención	convertir
la amortización	el máximo	considerar
el proceso		construir
el economista	tangible	dividir
la operación	intangible	consumir
la planta	físico	acumular
el límite	natural	computar
el costo	anticipado	calcular
el transporte	adicional	
el período	inicial	

Ejercicio 2   Complete each expression with the appropriate word(s).

1. physical plant — la _____ física
2. tangible assets — los activos _____
3. intangible assets — los activos _____
4. natural resources — los recursos _____
5. accounting period — el _____ contable
6. initial cost — el _____ inicial
7. accumulated depreciation — la _____ acumulada

Ejercicio 3   Select the appropriate word(s) to complete each statement.
1. Un edificio o una máquina es un activo (tangible / intangible).
2. Una patente es un activo (tangible / intangible).
3. La adquisición es la (compra / venta) de un bien (producto).
4. El límite es el (término / principio).
5. «Distribuir» es sinónimo de (repartir / recibir).
6. La disminución del valor de una cosa es la (depreciación / amortización).
7. Un (camión / equipo) es un vehículo.

Ejercicio 4   Match the verb in Column A with its noun form in Column B.

A	B
1. construir	a. la liquidación
2. categorizar	b. el consumo
3. convertir	c. la acumulación
4. dividir	d. el cómputo
5. transportar	e. el cálculo
6. adquirir	f. el invento, la invención
7. depreciar	g. la amortización
8. amortizar	h. la depreciación
9. inventar	i. la adquisición
10. calcular	j. el transporte
11. computar	k. la división
12. acumular	l. la conversión
13. consumir	m. la categoría
14. liquidar	n. la construcción

Ejercicio 5   Give the word or expression being defined.
1. lo que cuesta, el precio
2. del comienzo, desde el principio
3. sumir, restar, dividir y multiplicar
4. tomar en consideración
5. el que estudia la economía
6. la compra, lo que se ha obtenido
7. juntar, amontonar
8. el límite superior
9. el fin, el término
10. más

Ejercicio 6   Match the English word or expression in Column A with its Spanish equivalent in Column B.

A	B
1. fixed assets	a. los pagos anticipados
2. current assets	b. los bienes raíces
3. prepaid payments	c. el costo inicial

4. prepaid expenses   d. los activos fijos
5. physical plant   e. la marca registrada
6. equipment   f. la planta física
7. real estate   g. los beneficios
8. patent   h. el precio de compra
9. trademark   i. los activos circulantes (corrientes)
10. benefits   j. la patente de invención
11. initial cost   k. los gastos anticipados
12. purchase price   l. el equipo

Ejercicio 7 Tell what is being described.
  1. los edificios, las oficinas, las casas, el terreno
  2. la oficina, la fábrica, la maquinaria, el equipo
  3. el precio que uno tiene que pagar por algo
  4. el precio total incluyendo el precio de compra, impuestos, transporte e instalación
  5. los gastos que ya se han pagado
  6. los activos que se pueden convertir en efectivo inmediatamente
  7. el certificado de registro de un invento
  8. el nombre o símbolo registrado para un producto que garantiza su producción o manufactura por la empresa indicada

Ejercicio 8 Match the English word or expression in Column A with its Spanish equivalent in Column B.

A	B
1. stream of services	a. poner en equilibrio, balancear
2. accounting period	b. la cuenta de activos intangibles
3. benefits	c. el período contable
4. sales tax	d. el período de uso
5. matching costs and revenues	e. el impuesto sobre ventas
6. allocation	f. asignar a gastos
7. to allocate	g. la serie de servicios
8. to balance	h. la partida contable
9. useful life span	i. los beneficios
10. goodwill	j. la consignación
11. to write off	k. el pareo de costos y rentas
12. accounting entry	l. la buena voluntad
13. intangible assets account	m. consignar

Ejercicio 9 Select the appropriate word(s) to complete each statement.
  1. El impuesto que uno tiene que pagar al comprar una cosa es _____.
      a. el impuesto sobre ventas   b. la contribución estatal
  2. El tiempo durante el cual se puede utilizar una máquina u otro equipo es el
  _____.
      a. período contable   b. período de uso

3. La planta y el equipo de que se servirá una empresa durante un período de años se considera _____.
   a. un período contable   b. una serie de servicios
4. Para eliminar el costo de una compra, los contables lo _____.
   a. asignan a gastos   b. ponen en equilibrio
5. Los activos que no tienen forma física son activos _____.
   a. tangibles   b. intangibles
6. El fenómeno de registrar el costo de una máquina en la columna de activos y consignarlo contra los beneficios durante un período de años se llama _____.
   a. la partida contable   b. el pareo de costos y rentas

COMPRENSION

Ejercicio 1   Give examples of each of the following.
1. activos tangibles
2. activos intangibles

Ejercicio 2   In your own words, explain each of the following terms.
1. activos circulantes
2. activos fijos
3. una serie de servicios
4. el costo inicial
5. el pareo de costos y rentas
6. la depreciación
7. la amortización

Ejercicio 3   Answer.
1. ¿Cuál es el propósito de la depreciación?
2. ¿Qué pasa cuando un activo que se deprecia se liquida?
3. ¿Qué ocurre cuando un activo fijo que se ha depreciado al máximo sigue en uso?
4. ¿Qué no pueden exceder los gastos de depreciación?
5. ¿Qué resulta cuando el precio de venta es mayor que el costo inicial? ¿Qué resulta cuando el precio de venta es menor?
6. ¿Cuándo se debe deducir el costo de un activo intangible?
7. ¿Cuál es el período máximo para amortizar un activo intangible?

Capítulo 20
ASOCIACIONES

Características de las asociaciones

Las asociaciones o los socios, como entidades económicas, requieren el servicio contable y tienen unas características especiales. El contrato que forma una asociación debe incluir los nombres de los socios; las obligaciones y los derechos de cada socio; la cantidad que cada uno de los socios invertirá y el método para valorar los activos no en efectivo invertidos o retirados por los socios; el procedimiento para compartir los beneficios y las pérdidas, y los retiros que se le permitirá a cada socio. Una asociación no es una persona jurídica como una corporación o sociedad anónima. No obstante, para fines contables, una asociación constituye una entidad contable separada y distinta.

Cuentas Para una asociación se establecen cuentas corrientes y de capital y cuentas de retiros para cada socio. Al formar la asociación se registran en un diario los activos contribuidos por cada socio y los pasivos de cada socio que asume la asociación. En el caso de que la única contribución es efectivo y no hay pasivos asumidos, la valoración es sencilla. Sólo hay que entrar debes a las cuentas de efectivo y haberes a las cuentas de capital de los socios. Ejemplo:

Efectivo	25.000	
Romero, Capital		10.000
Valdez, Capital		15.000

Este es el registro de inversiones en efectivo por los Sres. Romero y Valdez. Si los socios contribuyen otros activos además de efectivo, existe el problema de valoración. ¿Qué valor se le da al activo? ¿El costo inicial? ¿El valor actual? A estos activos se les asigna el valor de mercado en la fecha de transferencia. Todos los socios tienen que estar de acuerdo con la valoración.

Contabilización La contabilidad para las asociaciones se parece a[1] la de propiedad individual sólo que se llevan cuentas de capital y cuentas corrientes para cada uno de los socios. Estas cuentas muestran las inversiones, los retiros y la proporción apropiada del ingreso neto de la asociación para cada socio. Una cuenta corriente se establece para cada socio. Las transacciones de retiro que figuran[2] en la cuenta corriente son: el efectivo u otros activos retirados por el socio, los retiros de fondos de la asociación para pagar las deudas personales de

---

[1] *is similar to*   [2] *appear*

un socio y el efectivo que pertenece a la asociación recaudado por el socio y retenido por el socio personalmente.

Distribución de las rentas Los socios pueden distribuir las rentas de la asociación de cualquier manera que deseen. Generalmente consideran los servicios que provee cada socio, el talento y el capital que ha contribuido y quizás el tiempo que lleva en la asociación. Hay tres métodos comunes que se emplean para la distribución de las rentas: una razón establecida; la relación de inversión de capital y concesiones por salario e intereses y lo restante según una razón establecida. Si no se ha indicado en el contrato otra manera de distribuir las rentas de la asociación, los beneficios y las pérdidas se comparten[3] por igual entre todos los socios. Cualquier otra razón tiene que establecerse en el contrato de acuerdo. Por ejemplo, dos socios tienen un pequeño negocio; un socio trabaja a tiempo completo y el otro sólo a tiempo parcial, digamos cuatro días a la semana. Entonces la razón podría ser de 0,55 para el primero y 0,45 para el otro. La asociación tiene rentas de 88.000 durante el año. Así es que, según la razón establecida:

Socio N⁰ 1 (tiempo completo) 88.000 x 0,55 = 48.400.
Socio N⁰ 2 (tiempo parcial)   88.000 x 0,45 = 39.600.

En muchas asociaciones los socios se dan salarios de acuerdo con la contribución de cada uno. Si sobran beneficios, entonces se dividen o por igual o según una razón establecida. En algunas asociaciones los socios dedican muy poco tiempo al negocio. Las rentas provienen mayormente de las inversiones de capital. En estos casos los beneficios se repartirían según la proporción del capital del negocio invertido por cada socio. Hay asociaciones donde los diferentes socios contribuyen de diferente manera. Algunos proveen el capital necesario para establecer la asociación, otros proveen talento administrativo y otros varias destrezas[4] necesarias. En estos casos se les paga a unos «intereses» sobre el capital invertido y a los otros «salarios» por el tiempo que dedican al negocio. Los beneficios que sobran[5] después de los «intereses» y «salarios» se dividen entre los socios según la razón establecida.

Estados financieros Los estados financieros de las asociaciones son los estados de resultados, las hojas de balance y los estados de cuentas de capital de los socios. Aquí hay un ejemplo de un estado de cuenta de capital.

ROMERO Y VALDEZ			
	Romero	Valdez	Totales
Capital, 1 enero, 199_	40.000	70.000	110.000
Inversiones adicionales	60.000		60.000
Ingreso neto	35.000	65.000	100.000
	135.000	135.000	270.000
Menos: Retiros	22.000	45.000	67.000
Capital, 31 diciembre, 199_	113.000	90.000	203.000

---

[3]*are shared*   [4]*skills*   [5]*are left over*

Disolución y liquidación La disolución o terminación de una asociación ocurre cuando entra un socio nuevo o se retira un socio. Esto no quiere decir que el negocio se liquida. La disolución normalmente resulta en una reorganización para incorporar a los nuevos socios o para reducir el número de socios y rara vez interfiere con el negocio. La liquidación de una asociación es el fin del negocio. Si una asociación se liquida, se venden los activos, se pagan los pasivos y el efectivo que sobra se divide entre los socios.

ESTUDIO DE PALABRAS

Ejercicio 1   Study the following cognates that appear in this chapter.

el contrato	la deuda	liquidar
la obligación	el talento	incorporar
la distribución	el capital	interferir
la proporción	la concesión	requerir
la disolución	el salario	formar
la terminación	el interés	contribuir
la reorganización		distribuir
la característica	actual	proveer
la entidad	personal	
la corporación	parcial	
la transferencia		

Ejercicio 2   Match the verb in Column A with its noun form in Column B.

A	B
1. contratar	a. la distribución
2. obligar	b. la disolución
3. distribuir	c. la incorporación
4. proporcionar	d. la liquidación
5. disolver	e. el contrato
6. terminar	f. la interferencia
7. liquidar	g. la reorganización
8. reorganizar	h. la obligación
9. incorporar	i. la terminación
10. interferir	j. la proporción
11. conceder	k. el requisito
12. proveer	l. la concesión
13. transferir	m. el contrato
14. requerir	n. la provisión
15. contratar	o. la transferencia

Ejercicio 3   Give the word or expression being defined.
1. lo que se debe
2. el sueldo, el pago, el honorario; el dinero que uno recibe por su trabajo
3. dar

4. los fondos
5. el acuerdo, el pacto entre dos o más personas, por escrito
6. de hoy, presente
7. la sociedad anónima
8. la aptitud natural para hacer algo

Ejercicio 4   Match the English word or expression in Column A with its Spanish equivalent in Column B.

A	B
1. partnership	a. retirar
2. partner	b. valorizar
3. rights	c. compartir
4. to invest	d. la asociación
5. to withdraw	e. el procedimiento
6. to share	f. el valor actual
7. to come from, derive from	g. el socio
8. to appraise, value	h. el valor de mercado
9. valuation, appraisal	i. la valorización
10. current value	j. los derechos
11. market value	k. provenir
12. procedure	l. invertir

Ejercicio 5   Complete each statement with the appropriate word(s).
1. Los _____ son los propietarios de una asociación.
2. Una _____ tiene por lo menos dos propietarios.
3. Cada socio tiene sus _____ y responsabilidades.
4. El contrario de «invertir» es _____.
5. Los socios pueden _____ los beneficios del negocio.
6. La _____ de la asociación es lo que se considera su valor.
7. El valor _____ es el valor de hoy.
8. El valor _____ es lo que se considera un precio razonable al vender el negocio.
9. En un negocio mercantil, las rentas (los ingresos) _____ de la venta de mercancías.
10. El modo (La manera) de hacer algo es el _____.

Ejercicio 6   Match the word or expression in Column A with its Spanish equivalent in Column B.

A	B
1. draw(ing) account	a. el estado de resultados
2. allowances	b. la cuenta de capital
3. fixed ratio	c. la cuenta corriente
4. profit and loss statement	d. a tiempo parcial
5. balance sheet	e. las concesiones
6. capital account	f. a tiempo completo

7. full-time
8. part-time

g. la hoja de balance
h. una razón establecida

Ejercicio 7   Answer.

1. El señor Salas trabaja 10 horas por semana. ¿Trabaja a tiempo completo o a tiempo parcial?
2. La señorita Vargas trabaja 40 horas por semana. ¿Trabaja a tiempo completo o a tiempo parcial?
3. El dinero que reciben los socios de un negocio, ¿se consideran sueldos o intereses?
4. Si uno quiere saber las ganancias (los beneficios) anuales de una empresa, ¿debe consultar el estado de resultados o la cuenta corriente?
5. ¿Qué cuenta indica (informa) las transacciones de retiro de cada socio, la cuenta corriente o la cuenta de capital?
6. Si Ud. quiere saber el valor del negocio, ¿debe consultar la cuenta corriente o la cuenta de capital?

COMPRENSION

Ejercicio 1   Answer.

1. ¿Qué debe incluir el contrato que forma una asociación?
2. Al formar una asociación, ¿qué se registra en un diario?
3. Si los socios contribuyen o invierten activos no de efectivo, ¿cómo se puede valorizar la asociación?
4. ¿Qué se establece para cada socio?
5. ¿Qué figura en la cuenta corriente?
6. ¿Cómo pueden los socios distribuir las rentas de la asociación?
7. ¿Qué es una razón establecida?
8. ¿Qué se hace si el contrato no indica la manera de distribuir las rentas?
9. En muchas asociaciones en que los socios reciben sueldos, ¿cómo se determina el salario que recibe cada uno?
10. Si sobran beneficios, ¿qué hacen con los beneficios?
11. En algunas asociaciones algunos socios reciben «intereses» y otros reciben «salarios». Por lo general, ¿quién recibe intereses y quién recibe salario?
12. ¿Cuándo ocurre la disolución o terminación de una asociación?

Capítulo 21
SOCIEDADES ANONIMAS Y ACCIONISTAS

Derechos de los accionistas

Los dueños de las corporaciones o sociedades anónimas son los accionistas. Toda corporación o sociedad anónima tiene que emitir un tipo de acción, la acción común. También puede emitir otros tipos de acciones. Los derechos de los accionistas son:

- el derecho de recibir un certificado de propiedad y el de transferir sus acciones por venta o como regalo.
- el derecho de votar en las reuniones de accionistas para la elección de directores.
- el derecho de comprar una porción de cualquier emisión de nuevas acciones para que puedan ser dueños de la misma proporción de acciones después de la emisión que tenían antes de la emisión.
- el derecho de recibir dividendos declarados por la junta de directores.
- el derecho de recibir activos al disolverse la corporación si alguno queda después de satisfacer las demandas de los acreedores.

Los poseedores de acciones comunes, más que cualquier otro inversionista, reciben los beneficios y corren los riesgos del Mercado de Valores.

Acciones preferenciales

Algunas corporaciones emiten acciones preferenciales para atraer a aquellos inversionistas que no quieren correr los riesgos que representan las acciones comunes. Por ejemplo, los dividendos se pagan primero a los poseedores de acciones preferenciales, y después a los que tienen acciones comunes. Sin embargo, los que poseen acciones preferenciales no tienen derecho al voto.

El patrimonio de los accionistas aparece en el libro mayor general de esta forma:

Patrimonio de los accionistas:
Acciones de capital.....................................	100.000	
Utilidades retenidas	40.000	140.000

Esta sección de la hoja de balance o balance general tiene el propósito de indicar el total y las fuentes de capital de la corporación. Hay dos partes de esta sección— el capital contribuido por los dueños y otros y el capital ganado—las utilidades retenidas.

Otro estado financiero es el estado de utilidades retenidas. En el estado de utilidades retenidas se indican los recursos ganados por la corporación desde su comienzo menos aquéllos pagados en forma de dividendos. En la primera parte se registran las acciones preferenciales primero y después las acciones comunes.

ESTADO DE UTILIDADES RETENIDAS

Utilidades retenidas, 31 diciembre, 199x...............................		600.000
Ingreso neto, 199y..		180.000
Total		780.000
Menos: Dividendos en efectivo:		
Acciones preferenciales (a $5)............................	17.500	
Acciones comunes (a $1)...................................	53.500	
Dividendo en acciones al 10%............................	140.000	211.000
Utilidades retenidas, 31 diciembre, 199y................................		569.000

Valores y dividendos

Cuando se habla del valor de una acción se emplean varios términos. «Valor a par» es un precio arbitrario que se le pone a una acción cuando se incorpora la empresa. No tiene nada que ver con[1] el verdadero valor de la acción. El «valor de mercado» de una acción es el precio al que se vende la acción. El «patrimonio por acción» de una acción común es la demanda contra los activos de la empresa que representa una acción común. El «valor de liquidación» de una acción es lo que recibiría el accionista si la corporación se liquidara, vendiera todos sus activos, pagara todos sus pasivos y distribuyera el efectivo sobrante entre sus accionistas.

La «utilidad por acción» es una estadística contable importantísima. Para determinar la utilidad por acción, se divide el ingreso neto destinado a los accionistas por el número promedio de acciones comunes existentes. El concepto de utilidad por acción se aplica solamente a las acciones comunes. Las acciones preferenciales no tienen derecho a utilidades superiores a los dividendos estipulados.

Los dividendos en efectivo son muy atractivos para los inversionistas. La junta de directores, muchas veces, prefiere pagar el mínimo en dividendos e invertir el efectivo en planta o equipo. También se pagan dividendos en forma de acciones adicionales en lugar de efectivo. Un dividendo en efectivo reduce tanto los activos como el patrimonio. Cuando se paga un dividendo en acciones, no se distribuyen activos. Cada accionista recibe acciones adicionales, pero la proporción de su patrimonio no cambia.

---

[1] *has nothing to do with*

ESTUDIO DE PALABRAS

Ejercicio 1   Study the following cognates that appear in this chapter.

la corporación	el par	declarar
el director	el mínimo	disolver
la elección		poseer
el dividendo	común	liquidar
la estadística	preferencial	estipular
el certificado	arbitrario	
la propiedad	existente	
la proporción		

Ejercicio 2   Complete each expression with the appropriate word(s).

1. common stock   la acción _____
2. preferred stock   la acción _____
3. certificate of ownership   el _____ de propiedad
4. election of directors   la _____ de directores
5. additional shares   las acciones _____
6. cash dividend   un _____ en efectivo

Ejercicio 3   Complete each statement with the appropriate word(s).

1. Los accionistas pueden votar en la _____ de los _____ de la corporación.
2. Los tenedores (portadores) de bonos reciben intereses y los accionistas reciben _____.
3. Un precio _____ no tiene nada que ver con el verdadero valor.
4. Las corporaciones emiten acciones _____ y _____.
5. La junta de directores de una corporación _____ los dividendos que la empresa pagará a los accionistas.

Ejercicio 4   Give the word or expression being defined.

1. lo que pagan las acciones
2. efectuar la disolución
3. tener, ser dueño de
4. la parte
5. que existe
6. el contrario de «mínimo»

Ejercicio 5   Match the verb in Column A with its noun form in Column B.

A	B
1. disolver	a. la estipulación
2. declarar	b. la elección

3. elegir
4. poseer
5. estipular
6. liquidar

c. la disolución
d. la liquidación
e. la declaración
f. la posesión

Ejercicio 6 Match the English word or expression in Column A with its Spanish equivalent in Column B.

A	B
1. corporation	a. emitir
2. share, stock	b. el valor a par
3. shareholder	c. la acción
4. certificate of ownership	d. la demanda
5. to issue	e. el patrimonio de los accionistas
6. issuance	f. la acción común
7. Stock Market	g. la sociedad anónima
8. stockholders' equity	h. el promedio
9. par value	i. el accionista
10. market value	j. la utilidad por acción
11. capital stock	k. el certificado de propiedad
12. common stock	l. el Mercado (la Bolsa) de Valores
13. preferred stock	m. el valor de mercado
14. earnings per share	n. la emisión
15. retained earnings	o. la acción de capital
16. claim	p. la acción preferencial
17. average	q. las utilidades retenidas

Ejercicio 7 Complete each statement with the appropriate word(s).

1. «S.A.» es la abreviatura de _____.
2. Una corporación o sociedad anónima _____ acciones.
3. La junta de directores declara los dividendos que pagará la empresa a los _____.
4. Los accionistas tienen un _____ para cada acción que poseen.
5. De vez en cuando la corporación declara la _____ de nuevas acciones.
6. El valor _____ es el precio a que se vende la acción.
7. _____ de una acción es un valor arbitrario.
8. _____ de Nueva York está en Wall Street.
9. Los dueños de acciones _____ corren menos riesgo que los tenedores (poseedores) de acciones comunes.
10. _____ es el ingreso neto de la empresa dividido por el número promedio de acciones comunes existentes.
11. _____ es el total (la suma) de las acciones de capital y las utilidades retenidas.

12. Si una compañía no paga sus deudas, los acreedores pueden iniciar
_____ contra la empresa.
13. _____ son los beneficios que no ha usado la compañía durante el
período contable.

COMPRENSION

Ejercicio 1 Answer.
1. ¿Qué reciben los accionistas al comprar sus acciones?
2. ¿Cómo pueden transferir las acciones?
3. ¿Por quiénes pueden votar los accionistas?
4. ¿Qué pueden hacer los accionistas si hay una emisión de nuevas acciones?
5. Además de poder vender sus acciones, ¿qué reciben los accionistas anualmente?
6. ¿Quiénes son los primeros en recibir los dividendos, los poseedores de acciones comunes o preferenciales?
7. ¿Cuál es el propósito de la sección de la hoja de balance (o del balance general) que lleva el título «Patrimonio de los accionistas»?
8. ¿Qué indica el estado de utilidades retenidas?
9. ¿Qué se deduce del total de las utilidades retenidas y el ingreso neto?
10. ¿En qué forma pagan los dividendos los directores?
11. ¿Por qué prefieren muchos directores pagar el mínimo de dividendos en efectivo?

Ejercicio 2 In your own words, explain each of the following terms.
1. el valor a par
2. el valor de mercado
3. el patrimonio por acción
4. la utilidad por acción

Capítulo 22
EL FLUJO DE EFECTIVO

Estado de flujo de efectivo

Uno de los estados financieros más importantes es el estado de flujo de efectivo. El propósito de este estado financiero es el de proveer información sobre los cobros y pagos en efectivo de una empresa comercial durante un período contable. También provee información sobre el financiamiento y las inversiones de la empresa durante el mismo período. Por medio del estado de flujo de efectivo se conoce la probabilidad que tiene la empresa de crear flujos positivos de efectivo en el futuro; si podrá satisfacer sus deudas y pagar dividendos; si necesitará financiamiento externo y la cantidad, y por qué hay diferencias entre el ingreso neto y el flujo de efectivo neto relacionado con el ingreso. Hay tres categorías de flujo de efectivo en el estado de flujo de efectivo. Son las operaciones, las inversiones y el financiamiento.

Operaciones En la primera se registran todas las actividades relacionadas con la producción y provisión de bienes y servicios. Ejemplos son los cobros de los clientes por ventas de bienes y servicios y los intereses y dividendos recibidos. Estos son los recibos en efectivo. Ejemplos de los pagos en efectivo son los pagos a los proveedores de mercaderías y los pagos de intereses e impuestos.

Hay dos métodos para preparar la sección de «operaciones» del estado de flujo de efectivo—el método directo y el método indirecto. En el primero se informa[1] por grandes categorías de recibos en efectivo brutos y pagos en efectivo brutos. Ejemplos son efectivo recibido de clientes, recibos de intereses y dividendos, efectivo pagado a los empleados y proveedores, pagos de dividendos e intereses. El método indirecto comprueba el flujo de efectivo neto con el ingreso neto que aparece en el estado de resultados para informar el flujo de efectivo neto de operaciones.

Inversiones En la sección de «inversiones» aparecen los préstamos hechos y recibidos, la adquisición o disposición de instrumentos de deuda o patrimonio, propiedad, planta o equipo.

Financiamiento La tercera sección es la de financiamiento. El flujo de efectivo de las actividades de financiamiento se determina con analizar los cambios de debe y haber registrados durante determinado período en las correspondientes cuentas de pasivo y de patrimonio. Por lo general, los cambios

---

[1] *are shown*

de debe o haber en las cuentas de la hoja de balance son iguales que las cantidades del flujo de efectivo correspondiente.

El primer activo que aparece en la hoja de balance es «efectivo». El estado de flujo de efectivo explica detalladamente los cambios en este activo de un período a otro en la hoja de balance.

ESTUDIO DE PALABRAS

Ejercicio 1   Study the following cognates that appear in this chapter.

la probabilidad	la disposición	positivo
el futuro	la información	directo
el dividendo	la deuda	indirecto
el financiamiento	la cantidad	externo
la actividad	la categoría	neto
la producción	el proveedor	
la provisión	el método	analizar
la adquisición	el instrumento	informar

Ejercicio 2   Give the opposite of each of the following words.
1. la disposición
2. directo
3. el pasado
4. negativo

Ejercicio 3   Match each verb in Column A with its noun form in Column B.

A	B
1. adquirir	a. la disposición
2. disponer	b. el financiamiento
3. proveer	c. el informe, la información
4. financiar	d. el análisis
5. producir	e. la categoría
6. analizar	f. la provisión, el proveedor
7. informar	g. la producción
8. categorizar	h. la adquisición

Ejercicio 4   Complete each statement with the appropriate word(s).
1. El _____ provee las _____ y el consumidor las consume.
2. Hay dos métodos para preparar esta sección del estado financiero, el método directo y el _____ indirecto.
3. Hay que estudiar el estado detalladamente. El lo tendrá que analizar _____.
4. Las acciones pagan _____ a los accionistas.
5. El dinero que se debe es la _____.

Ejercicio 5   Give the word or expression being defined.
1. lo contrario de «bruto»
2. lo contrario de «crédito»
3. la compra
4. la clasificación
5. lo contrario de «interno»
6. lo contrario de «negativo»
7. los informes, los datos
8. dejar saber, proveer información
9. porción de una cosa

Ejercicio 6   Match the English word or expression in Column A with its Spanish equivalent in Column B.

A	B
1. cash flow statement	a. el ingreso neto
2. receipts and payments	b. recibos en efectivo
3. debts	c. el financiamiento
4. net income	d. el estado de flujo de efectivo
5. cash receipts	e. el préstamo
6. operating activities	f. las inversiones
7. investments	g. cobros y pagos
8. financing activities	h. los pagos en efectivo
9. cash payments	i. deudas
10. loan	j. comprobar
11. to reconcile, verify	k. las operaciones

Ejercicio 7   Indicate whether each of the following is a **pago** or **cobro.**
1. el dinero que pagan los clientes por los bienes o servicios
2. recibos de intereses
3. el costo de comprar equipo
4. los impuestos
5. la adquisición de un instrumento fiscal
6. la disposición de un instrumento fiscal

Ejercicio 8   Tell what is being described.
1. lo que se debe
2. lo que se recibe
3. lo que provee la información sobre los pagos y cobros en efectivo
4. el dinero que se le presta a alguien
5. el ingreso después de deducir (restar) los gastos

COMPRENSION

Ejercicio 1   True or false?
1. El estado de flujo de efectivo indica los cobros y pagos hechos en efectivo.
2. Si le queda muy poco efectivo a la empresa, existe la probabilidad de un flujo de efectivo positivo en el futuro.
3. Si la empresa no puede satisfacer sus deudas y pagar dividendos, no cabe duda que necesitará financiamiento externo.
4. Hay muchos métodos para preparar la sección de operaciones del estado de flujo de efectivo.
5. En el método directo se informa por grandes categorías de recibos en efectivo brutos y pagos en efectivo brutos.
6. El método directo también comprueba el flujo de efectivo neto con el ingreso neto que aparece en el estado de resultados.
7. Los préstamos hechos y recibidos por la empresa aparecen en la sección de «financiamiento».
8. El primer activo en la hoja de balance (el balance general) es «efectivo».

Capítulo 23
RAZONES Y ANALISIS

La auditoría

Para comprender el «estado de salud» de una empresa es necesario poder interpretar sus estados financieros. Los estados financieros son importantes para una variedad de públicos. Para que se pueda tener confianza[1] en sus estados financieros, las empresas se valen de auditoría independiente. Una auditoría es una minuciosa investigación de cada detalle que aparece en los estados financieros. Cuando los contables certificados (contadores públicos titulados) *(CPA)* terminan la auditoría, ellos preparan un informe[2] en donde dan su opinión sobre los estados financieros.

Estado financiero comparativo

Los estados financieros comparativos muestran datos financieros para dos años o más en columnas paralelas. Las cantidades para el año más reciente aparecen en la columna izquierda. Con frecuencia, tanto la hoja de balance o el balance general como el estado de resultados se preparan en forma de estado financiero comparativo.

HERRERA Y PRINCIPE S.A.
ESTADO DE RESULTADOS COMPARATIVO
AÑOS 1992, 1991, 1990
(en miles de pesos)

	1992	1991	1990
Ventas netas............................	600	500	400
Costo de bienes vendidos	370	300	235
Ganancia bruta......................	230	200	165
Gastos	194	160	115
Ingreso neto...........................	36	40	50

Análisis de tendencia

El análisis de tendencia es otro tipo de estado financiero en forma horizontal que permite comparar cambios proporcionales en seleccionadas categorías de los estados financieros. Los períodos son de por lo menos 5 años hasta tanto como 20 años. Se determina un año base y se calculan cantidades de ciertos ítemes en

---

[1]*trust*   [2]*report*

siguientes años como porcentajes de la cantidad del año base. Las cantidades del año base siempre se fijan[3] al 100%.

HERRERA Y PRINCIPE **S.A.**
DATOS SELECCIONADOS DE LOS ESTADOS DE RESULTADOS
COMO PORCENTAJES DEL AÑO BASE DE **1988**

	1992	1991	1990	1989	1988
Ventas netas	222%	173%	145%	103%	100%
Ganancia bruta	142	104	104	102	100
Ingreso neto	166	117	105	101	100

Razones de rendimiento sobre activos totales Para saber los beneficios que se derivan de la empresa, los inversionistas se valen de varias razones como la de rendimiento sobre activos totales que es una medida de la eficiencia gerencial. La fórmula para calcular esta razón es:

$$\text{Razón de rendimiento sobre activos totales} = \frac{\text{ingreso neto + gastos de interés}}{(\text{total de activos, comienzo del año + total de activos, fin del año}) \div 2}$$

La razón de rendimiento sobre los activos totales de Coches Miranda se calcula así.

COCHES MIRANDA **S.A.**

Ingreso neto (1992)	17.575.000
Gastos de interés	3.120.000
Total: activos, comienzo del año	156.625.000
Total: activos, fin del año	172.583.000

$$\frac{17.575.000 + 3.120.000}{(156.625.000 + 172.583.000) \div 2} =$$

$$\frac{20.695.000}{164.604.000} = 12,57\%$$

Razones de rendimiento sobre el capital contable El rendimiento sobre el capital contable de los accionistas es la razón de la utilidad neta después de impuestos al capital contable sobre la inversión de los accionistas. La fórmula para calcular esta razón es:

$$\text{Razón de rendimiento sobre capital de los accionistas comunes} = \frac{\text{ingreso neto - dividendos preferenciales}}{\text{promedio de capital contable de accionistas comunes}}$$

---

[3] *are set*

La razón de rendimiento sobre el capital contable de los accionistas de Coches Miranda se calcula así.

COCHES MIRANDA S.A.

Ingreso neto (1992).....................................	17.575.000
Dividendos preferenciales............................	25.000
Promedio de capital contable.......................	95.130.000

$$\frac{17.575.000 - 25.000}{95.130.000} = \frac{17.550.000}{95.130.000} = 18,45\%$$

El promedio de capital contable de los accionistas comunes se calcula de la siguiente manera.

	Total, capital contable de los accionistas	=	capital contable accionistas
-	capital contable accionistas preferenciales		comunes

	1 enero, 199_	87.710.000	-	500.000	=	87.210.000
+	31 diciembre 199_	103.550.000	-	500.000	=	190.260.000
						÷ 2

Promedio capital contable
de los accionistas comunes
199_   =   95.130.000

ESTUDIO DE PALABRAS

Ejercicio 1   Study the following cognates that appear in this chapter.

la investigación	el balance	seleccionado
el detalle	el análisis	independiente
la columna	la tendencia	general
la categoría	la base	
la variedad	la fórmula	interpretar
el público		permitir
la opinión	comparativo	derivar
los datos	paralelo	
la frecuencia	reciente	

Ejercicio 2   Complete each statement with the appropriate word(s).
1. Una auditoría es una _____ de cada _____ de un estado financiero.
2. En una hoja de balance hay columnas _____.
3. Si uno quiere saber la diferencia entre los resultados financieros del pasado y los resultados más _____, hay que preparar un estado financiero_____.

4. Hay muchas _____ de cuentas en la hoja de balance (el balance general) y el estado de resultados.

5. El _____ general es un estado financiero que incluye todas las cuentas.

6. Al final del año fiscal es necesario que la empresa tenga una auditoría _____.

7. Para analizar los cambios hay que empezar con un año _____.

Ejercicio 3   Give the word or expression being defined.

1. la clasificación
2. los informes
3. la idea
4. dar permiso
5. el estudio detallado (minucioso)
6. la repetición frecuente
7. lo contrario de «dependiente»
8. explicar o sacar inferencias

Ejercicio 4   Match the English word or expression in Column A with its Spanish equivalent in Column B.

A	B
1. independent audit	a. el rendimiento sobre el capital contable de los accionistas comunes
2. CPA	b. la medida
3. financial data	c. la eficiencia gerencial
4. trend analysis	d. el contador público titulado
5. measure, step	e. el rendimiento sobre activos totales
6. managerial efficiency	f. la auditoría independiente
7. equity	g. el análisis de tendencia
8. return on total assets	h. los datos financieros
9. return on common stockholders' equity	i. el capital contable

Ejercicio 5   Give the term being described.

1. una prueba de la capacidad gerencial para sacar beneficios de todos sus recursos financieros
2. resultados favorables por parte de los gerentes o administradores
3. una medida para comparar los resultados (disminuciones o aumentos) financieros de un año base seleccionado con los de los años siguientes
4. la información financiera
5. una investigación minuciosa de los detalles que aparecen en los estados financieros

COMPRENSION

Ejercicio 1   Answer.

1. Para comprender el estado de salud de una empresa, ¿qué es necesario hacer?
2. ¿Por qué se valen de una auditoría independiente las empresas?
3. ¿Qué es una auditoría?
4. ¿Qué prepara el contador público titulado al terminar una auditoría?
5. ¿Qué muestran o informan los estados financieros comparativos?
6. En un estado financiero comparativo, ¿dónde aparecen las cantidades más recientes?
7. ¿Qué permite comparar el análisis de tendencia?
8. Para preparar un análisis de tendencia hay que determinar un año base. ¿A qué porcentaje se fijan las cantidades del año base?
9. ¿Cómo se calcula el rendimiento sobre activos totales?
10. ¿Qué es el rendimiento sobre el capital contable?

Capítulo 24
TIPOS DE
CONTABILIDAD

Contabilidad financiera y contabilidad gerencial

Para dirigir las actividades de una empresa hay que usar eficientemente la información contable. Hay dos tipos de contabilidad: contabilidad financiera y contabilidad gerencial. En la primera, se desarrolla y se interpreta información que describe el estado financiero y los resultados operativos de una empresa. Esta información se emplea tanto fuera de la empresa como dentro. En la segunda, se desarrolla y se interpreta información contable específicamente para el uso de los administradores de la empresa.

Contabilidad gerencial

Se puede dividir la contabilidad gerencial en tres grandes categorías: contabilización de costos, planificación y control y el diseño de información contable para su uso en la toma de decisiones gerenciales.

Contabilización de costos Los administradores necesitan información sobre los costos de diferentes operaciones comerciales. Así pueden determinar si ciertas actividades son rentables o no, y si los diferentes departamentos funcionan eficientemente. Para ese fin sirve la contabilización de costos. El sistema contable debe proveer información sobre el costo de fabricar cada producto y el costo de otras actividades tales como los departamentos de contabilidad, de personal y de comercialización (marketing).

Planificación y control La planificación es la formulación de metas u objetivos para el futuro. Muchas veces se presentan en términos monetarios, como «ventas netas de 80 millones el año que viene». El control es la supervisión de las actividades planeadas para determinar si se logran[1] los objetivos o no, y para tomar medidas[2] de corrección cuando los resultados no son los que se esperaban.

Toma de decisiones gerenciales La contabilidad gerencial recauda y prepara información contable para ayudar a determinado administrador en la toma de una decisión comercial específica.

Costos de fábrica

Las empresas manufactureras tienen costos de fábrica de tres tipos: materiales directos (materia prima y otro material que forma parte integral de los bienes

---

[1]*are achieved*   [2]*measures*

manufacturados), mano de obra directa (sueldos y jornales[3] para los empleados que trabajan directamente con los productos que se fabrican o a mano o con herramientas[4]) y costos generales. Los costos generales incluyen tales como costos administrativos, reparaciones, depreciación de equipo, etc.

Costos de producto Algunos costos son costos de producto, otros son costos periódicos. Costos de producto son los costos de la compra o manufactura de inventario. Hasta que los bienes se vendan, los costos de producto representan inventario, lo cual es un activo. Cuando los bienes se venden, los costos de producto se deducen del ingreso como el costo de bienes vendidos, o costo de ventas.

Costos periódicos Los costos relacionados con períodos de tiempo, en lugar de con la compra o manufactura de inventario, se conocen como costos periódicos. Los costos periódicos incluyen todos los gastos relacionados con ventas, gastos generales y administrativos, gastos de intereses e impuestos.

Inventario

Las empresas manufactureras llevan tres tipos de inventario: inventario de materiales (materiales a mano y listos para usar), inventario de trabajo en proceso (bienes no terminados pero que están en proceso de fabricar) e inventario de bienes terminados (productos terminados listos para la venta). Los tres tipos de inventario aparecen en la hoja de balance y se clasifican como activos circulantes.

FABRICAS VEGA DE SOTO S.A.
HOJA DE BALANCE PARCIAL
1 DE SEPTIEMBRE, 1992

Activos circulantes:		
Efectivo		60.000
Cuentas por cobrar		190.000
Inventarios:		
Materiales	20.000	
Trabajo en proceso	40.000	
Bienes terminados	168.000	228.000
Total activos circulantes		478.000

---

[3]*daily wages*   [4]*tools*

ESTUDIO DE PALABRAS

Ejercicio 1 Study the following cognates that appear in this chapter.

la formulación	la actividad	el producto
la información	la corrección	el personal
la planificación	el resultado	el objetivo
la supervisión	el costo	el término
el control	el diseño	la depreciación

la manufactura	en proceso	interpretar
el inventario	eficientemente	planear
el interés	monetario	determinar
el material	manufacturado	funcionar
la decisión	manufacturero	proveer
	financiero	presentar
		planear
		clasificar

Ejercicio 2   Complete each expression with the appropriate word(s).
1. administrative costs   los _____ administrativos
2. planned activities   las _____ planeadas
3. monetary terms   los términos _____
4. periodic costs   los _____ periódicos
5. financial accounting   la contabilidad _____
6. accounting information   la _____ contable
7. cost accounting   la contabilización de _____
8. managerial decisions   las _____ gerenciales

Ejercicio 3   Match the verb in Column A with its noun form in Column B.

A	B
1. planear	a. la información
2. corregir	b. la interpretación
3. informar	c. el control
4. controlar	d. la planificación
5. interpretar	e. la formulación
6. formular	f. la corrección
7. manufacturar	g. el diseño
8. resultar	h. la provisión
9. presentar	i. la descripción
10. producir	j. el resultado
11. diseñar	k. la decisión
12. describir	l. la manufactura
13. decidir	m. el producto, la producción
14. proveer	n. la presentación

Ejercicio 4   Choose the appropriate word(s) to complete each statement.
1. Hay que tener _____ para manufacturar un producto.
   a. materiales   b. opiniones   c. intereses
2. Los bonos y otras inversiones pagan _____.
   a. monetarios   b. intereses   c. planes
3. Para planear bien, es necesario usar toda la _____ disponible.
   a. manufactura   b. depreciación   c. información

4. Los productos que quedan (no vendidos) constituyen _____.
    a. el interés   b. la depreciación   c. el inventario
5. El trabajo que están haciendo ahora es el trabajo _____.
    a. en proceso   b. en inventario   c. terminado

Ejercicio 5   Match the English word or expression in Column A with its Spanish equivalent in Column B.

A	B
1. financial accounting	a. los costos de operación (operativos)
2. managerial accounting	b. el inventario de trabajo en proceso
3. cost accounting	c. los materiales directos
4. operating costs	d. la planificación y el control
5. manufacturing costs	e. la contabilidad financiera
6. direct labor costs	f. los costos de fábrica (manufactura)
7. direct materials	g. recaudar
8. overhead costs	h. la contabilidad gerencial
9. planning and control	i. el inventario de materiales
10. marketing	j. la contabilidad de costos
11. to collect	k. el inventario de bienes terminados
12. materials inventory	l. los costos de mano de obra
13. work in process inventory	m. los costos periódicos
14. finished goods inventory	n. los costos de producto
15. product costs	o. la comercialización
16. periodic costs	p. los costos generales

Ejercicio 6   Tell what is being described.
1. el costo de fabricar, manufacturar o hacer un producto o bien
2. el costo de los sueldos, salarios y jornales
3. los costos de comprar o de fabricar productos
4. los costos que no tienen nada que ver con la compra o manufactura del producto como, por ejemplo, gastos de venta, gastos administrativos, etc.
5. el mercadeo, el marketing
6. la rama de la contabilidad que prepara la información que usan los administradores en la planificación y el control del negocio
7. el inventario que tiene una empresa manufacturera de recursos que se pueden usar en la manufactura de un producto
8. el inventario que tiene una empresa manufacturera de productos ya fabricados
9. la rama de la contabilidad que determina el costo total de un bien manufacturado
10. la formulación de metas y objetivos para el futuro y la supervisión de las actividades planeadas

COMPRENSION

Ejercicio 1 Select what is being described.
1. el desarrollo y la interpretación de información contable que se usa en la toma de decisiones sobre el funcionamiento presente y futuro del negocio o de la empresa
   a. la contabilización de costos
   b. la contabilidad gerencial
   c. la contabilidad financiera
2. el desarrollo y la interpretación de información que describe el estado financiero y los resultados operativos de una empresa
   a. la contabilización de costos
   b. la contabilidad gerencial
   c. la contabilidad financiera
3. la información sobre el costo de fabricar cada producto y los costos generales de la empresa que determina la rentabilidad de ciertas actividades
   a. la contabilización de costos
   b. la contabilidad gerencial
   c. la contabilidad financiera
4. los costos de la compra o manufactura de inventario
   a. la contabilización de costos
   b. los costos periódicos
   c. los costos de producto
5. los costos de una empresa relacionados con el tiempo como los gastos generales o administrativos
   a. la contabilización de costos
   b. los costos periódicos
   c. los costos de producto

Ejercicio 2 Answer.
1. ¿Por qué es importante la contabilidad gerencial?
2. ¿Cómo se puede presentar las metas u objetivos de una empresa en términos monetarios?
3. ¿Cuáles son los tres tipos de costos que tienen las empresas manufactureras?
4. ¿Cuáles son los tres tipos de inventario que llevan?

Capítulo 25
EL PRESUPUESTO

La herramienta que emplean los contables para ayudar a la gerencia en el proceso de planificación es el presupuesto. El presupuesto puede considerarse una expresión cuantitativa de las metas[1] de la empresa. Algunos de los beneficios de los presupuestos son: la planificación eficaz, el control de rendimiento y la comunicación y coordinación. Cuando preparan los presupuestos, los administradores tienen que considerar todos los aspectos de las actividades internas de la empresa y pronosticar las condiciones económicas futuras, como los costos, las tasas de interés, la demanda para el producto y el nivel de competencia.

Los presupuestos muestran los costos y gastos esperados para cada departamento tanto como el nivel[2] de producción. Así, los presupuestos proveen un medio para medir[3] el rendimiento de cada departamento. Porque el presupuesto requiere información y la contribución de todos los departamentos, le ofrece a la administración una oportunidad de coordinar las actividades de los diferentes departamentos.

Contenido del presupuesto general

El presupuesto general es una serie de presupuestos relacionados que juntos[4] dan un sumario de todas las actividades planeadas por la empresa. Por ejemplo:

   I. Presupuestos operativos
      Pronóstico de ventas
      Plan de producción (número de unidades que se producirán)
      Presupuesto de costos de manufactura
      Presupuesto de costos operativos
      Estado de resultados presupuestados
  II. Presupuesto de gastos de capital
 III. Presupuestos financieros
      Presupuesto de efectivo
      Balance general (Hoja de balance) presupuestado

Preparación del presupuesto

Los pasos a seguir en la preparación de un presupuesto general son:
  • la preparación de un pronóstico de ventas.
  • la preparación de presupuestos para producción, costos de manufactura y gastos operativos.

---

[1]*goals*   [2]*level*   [3]*measure*   [4]*combined*

• la preparación de un estado de resultados presupuestado.
• la preparación de un presupuesto de efectivo.
• la preparación de un balance general (una hoja de balance) presupuestado.

Un presupuesto «flexible» es uno que puede ajustarse fácilmente para reflejar el ingreso presupuestado, costos y flujo de efectivo a diferentes niveles de actividad. El presupuesto flexible combina los conceptos presupuestarios con el análisis de costo–volumen–utilidad. El ajuste de un presupuesto entero para reflejar un cambio en el nivel de producción o de ventas sería una tarea[5] enorme si se efectuara a mano. Con el uso de un sistema computerizado se puede hacer fácil y rápidamente. Es muy importante que las cantidades que aparecen en los presupuestos sean realistas y razonables.

---

[5]*task*

ESTUDIO DE PALABRAS

Ejercicio 1   Study the following cognates that appear in this chapter.

la expresión	el producto	cuantitativo
el objetivo	la producción	flexible
la planificación	la preparación	interno
la contribución	el plan	económico
la actividad	el costo	futuro
el sumario	el capital	computerizado
el sistema	el volumen	realista
el proceso	el ajuste	razonable
el control		
la coordinación		coordinar
el aspecto		ajustar
la condición		considerar
la demanda		requerir

Ejercicio 2   Complete each expression with the appropriate word(s).

1. planning process   el _____ de planificación
2. internal activities   las actividades _____
3. economic conditions   las _____ económicas
4. product demand   la _____ para el producto
5. production level   el nivel de _____
6. production plan   el _____ de producción
7. manufacturing costs   los _____ de manufactura
8. capital expenses   los gastos de _____
9. computerized system   el sistema _____

Ejercicio 3   Match each verb in Column A with its noun form in Column B.

A	B
1. coordinar	a. la contribución
2. controlar	b. el costo
3. contribuir	c. el ajuste
4. requerir	d. la coordinación
5. costar	e. el requisito
6. ajustar	f. el control

Ejercicio 4   Give the Spanish equivalent for each of the following terms.
1. a quantitative expression of objectives
2. effective planning
3. a summary of planned activities

Ejercicio 5   Give the word or expression being defined.
1. que se puede cambiar, no fijo
2. los fondos
3. ordenar de una manera metódica varias actividades
4. el procedimiento
5. lo contrario de «externo»
6. lo contrario de «la oferta»
7. lo que cuesta
8. justo, no exagerado

Ejercicio 6   Match the English word or expression in Column A with its Spanish equivalent in Column B.

A	B
1. budget	a. el presupuesto
2. budgetary	b. el presupuesto de gastos de capital
3. budgeted	c. el estado de resultados
4. master budget	presupuestados
5. capital expenditures budget	d. el presupuesto general
6. cash budget	e. presupuestario
7. budgeted income statement	f. los ingresos presupuestados
8. budgeted income	g. presupuestado
9. budgeted balance sheet	h. el balance general presupuestado
	i. el presupuesto de efectivo

Ejercicio 7   Tell what is being described.
1. el total del dinero que la empresa piensa ganar y gastar
2. el total de los ingresos y egresos de efectivo que la empresa piensa tener
3. los ingresos que la empresa piensa recibir
4. el balance que la empresa piensa tener en determinado período de tiempo

5. los gastos que la empresa piensa tener para administrar u operar el negocio
6. los egresos o gastos que la empresa piensa tener durante determinado período de tiempo

Ejercicio 8 Match the English word or expression in Column A with its Spanish equivalent in Column B.

A	B
1. to forecast	a. la demanda para el producto
2. sales forecast	b. los costos de manufactura
3. product demand	c. el rendimiento
4. competition	d. pronosticar
5. return	e. la tasa de interés
6. interest rate	f. el pronóstico de ventas
7. manufacturing costs	g. el plan de producción
8. production schedule	h. la competencia

Ejercicio 9 Tell what is being described.
1. el número o la cantidad de unidades que pensamos o esperamos vender
2. el interés que tiene el público o el mercado en el producto
3. lo que recibiremos por haber hecho la inversión
4. las fechas en que se terminarán varias etapas de la manufactura o producción del bien
5. lo que costará fabricar el producto
6. lo que crea el conjunto de empresas que están produciendo y vendiendo el mismo tipo de producto
7. el porcentaje que tenemos que pagar al banco por pedir prestado dinero

COMPRENSION

Ejercicio 1 Answer.
1. ¿Cuál es una herramienta primordial que emplea la gerencia de una empresa en el proceso de planificación?
2. ¿Qué es el presupuesto?
3. ¿Qué tienen que considerar los administradores al preparar los presupuestos?
4. ¿Qué muestran los presupuestos?
5. ¿Qué es el presupuesto general?
6. ¿Qué es un presupuesto flexible?
7. ¿Cómo deben ser las cantidades que aparecen en un presupuesto?

Ejercicio 2 Follow the directions.
Outline the steps that should be taken in the preparation of a master budget.

Capítulo 26
CONTABILIDAD EN EL COMERCIO INTERNACIONAL

Las empresas multinacionales funcionan en más de un país. La importancia de las operaciones extranjeras es obvia cuando vemos la proporción de ingresos que producen esas operaciones para las compañías multinacionales durante un año reciente.

Compañía	Total ingreso ($US)	% Operaciones extranjeras
Coca-Cola (USA)	6.250.000.000	42,7
Sony (Japón)	4.528.000.000	74,5
Exxon (USA)	97.173.000.000	71,4
Nestlé (Suiza)	13.626.000.000	92,2

Problemas contables del comercio internacional

El comercio internacional presenta problemas especiales para los contables. Porque las transacciones internacionales envuelven moneda extranjera (divisas), hay que traducir[1] su valor en moneda nacional. La preparación de estados financieros con diferentes divisas para cada país en que la empresa multinacional tiene subsidiarios es complicada. Los diferentes países emplean diferentes métodos contables.

Riesgos

Si una empresa norteamericana vende a una empresa española, por ejemplo, y según el acuerdo, recibe el pago en dólares, no corre ningún riesgo. Vende a $50.000 y recibe $50.000. La compañía española corre el riesgo de un cambio en el valor de la peseta con respecto al dólar. Si el valor de la peseta baja, el producto le cuesta más. Pero si el valor de la peseta sube, le cuesta menos.

Fecha	Dólar/Peseta	Peseta/Dólar
1 diciembre, 199_	0,0070	142,8572
10 diciembre, 199_	0,0080	125,0000
31 diciembre, 199_	0,0075	133,3333
10 enero, 199_	0,0085	117,6471

---

[1]*to convert*

Por ejemplo, Gourmet Foods, una compañía de comestibles en los EE.UU., compra $700.000 (p.100.000.000) de aceite[2] de oliva a la empresa española El Olivar S.A. el 1 de diciembre de 199_ y paga el 10 de enero del año siguiente.

GOURMET FOODS

Fecha	Descripción	Debe (dólares)	Haber (dólares)
1 diciembre	Compras	700.000	
	Cuentas por cobrar		700.000
10 diciembre	Cuentas por cobrar	700.000	
	Efectivo		700.000

EL OLIVAR S.A.

Fecha	Descripción	Debe (pesetas)	Haber (pesetas)
1 diciembre	Cuentas por cobrar	100.000.000	
	Ventas		100.000.000
	($700.000 x p.142,8572)		
10 diciembre	Efectivo	87.500.000	
	Pérdida por cambio	12.500.000	
	Cuentas por cobrar		100.000.000
	($700.000 x p.125,000)		

En esta transacción, El Olivar S.A. pierde 12.500.000 pesetas cuando las compras se facturan y se cobran en dólares US. La tasa de cambio entre España y los EE.UU. bajó de 142,8572 pesetas al dólar a 125,000 al dólar. Así, Gourmet Foods tuvo que pagar 12.500.000 menos pesetas para satisfacer su deuda de $700.000, y El Olivar S.A. recibió menos pesetas de los que habría recibido si Gourmet Foods hubiera pagado en efectivo en la fecha de compra.

En cambio, si el acuerdo hubiera sido de pagar en pesetas, el riesgo habría sido para Gourmet Foods, porque la tasa de cambio pasó de $0,007 por peseta a $0,008. Gourmet Foods habría perdido $100.000 porque tendría que pagar más dólares por la compra.

GOURMET FOODS

Fecha	Descripción	Debe (dólares)	Haber (dólares)
1 diciembre	Compras	700.000	
	Cuentas por pagar		700.000
	(p.100.000.000 x $0,007)		700.000
10 diciembre	Cuentas por pagar	700.000	
	Pérdida por cambio	100.000	
	Efectivo		800.000
	(p.100.000.000 x $0,008)		

---

[2] oil

ESTUDIO DE PALABRAS _____

Ejercicio 1   Study the following cognates that appear in this chapter.

el método	multinacional	producir
la transacción	nacional	
la importancia	internacional	
el problema	reciente	
el dólar	especial	
	diferente	
	con respecto a	

Ejercicio 2   Complete each expression with the appropriate word(s).
1. accounting method   el _____ contable
2. accounting problems   los problemas _____
3. international commerce (business) el comercio _____
4. multinational enterprise   la empresa _____

Ejercicio 3   Match the word in Column A with its definition in Column B.

A	B
1. nacional	a. la actividad comercial
2. multinacional	b. de muchos países
3. diferente	c. del país
4. reciente	d. de no hace mucho tiempo
5. la transacción	e. distinto, variado

Ejercicio 4   Match the English word or expression in Column A with its Spanish equivalent in Column B.

A	B
1. foreign operations	a. facturarse
2. international trade	b. subir
3. to involve	c. la tasa de cambio
4. to be billed	d. cobrarse
5. to go up	e. las operaciones extranjeras
6. to go down	f. la compra
7. foreign currency	g. las divisas
8. rate of exchange	h. el acuerdo
9. agreement	i. el comercio internacional
10. purchase	j. bajar
11. to be charged	k. envolver

Ejercicio 5   Complete each statement with the appropriate word(s).
1. Las _____ son monedas extranjeras.
2. La _____ puede variar de un día a otro.
3. Un día el valor del dólar _____ y otro día _____.
4. El comercio internacional _____ moneda extranjera.

5. A veces las compras _____ en dólares pero a veces _____ en la moneda extranjera.

6. Se facturan las compras según el _____ que tienen las dos compañías.

7. _____ son muy importantes para muchas empresas multinacionales.

COMPRENSION

Ejercicio 1   In your own words, explain each of the following.

1. una empresa multinacional
2. los problemas contables especiales del comercio internacional
3. el riesgo que se corre con cobrar fondos en una moneda extranjera
4. la tasa (el tipo) de cambio

ANSWERS TO VOCABULARY EXERCISES

FINANZAS

CAPITULO 1: Función financiera

Ejercicio 2
1. la planificación   2. el financiamiento   3. la administración   4. la recomendación
5. la decisión

Ejercicio 3
1. contralor   2. capital   3. demanda   4. corporación   5. miembro   6. salario
7. pensión   8. inventario

Ejercicio 4
1. g   2. j   3. o   4. a   5. l   6. s   7. q   8. c   9. e   10. p   11. h   12. n
13. b   14. d   15. r   16. k   17. f   18. m   19. i

Ejercicio 5
1. invertir   2. inversión   3. acciones   4. inversionistas   5. accionistas

Ejercicio 6
1. funcionario ejecutivo principal   2. tasa de interés   3. contabilidad   4. recauda
5. votan   6. a largo plazo   7. a corto plazo   8. seguros   9. efectivo
10. ganancias

Ejercicio 7
1. c   2. f   3. a   4. g   5. h   6. e   7. d   8. b

Ejercicio 8
1. d   2. a   3. f   4. b   5. g   6. e   7. c

Ejercicio 9
1. el efectivo   2. las ventas, las rentas   3. los impuestos   4. el accionista
5. la junta de directores (directiva)   6. el salario   7. una sociedad anónima
8. el departamento de ventas   9. el departamento de contabilidad   10. la meta
11. el obrero   12. el capataz

CAPITULO 2: Sistema financiero de los Estados Unidos

Ejercicio 2
1. negociable   1. La comisión   3. interés   4. contribuir   5. banco
6. un dividendo   7. estable

Ejercicio 3
1. e   2. a   3. c   4. b   5. d

Ejercicio 4
1. h   2. d   3. j   4. a   5. l   6. p   7. c   8. e   9. q   10. n   11. f   12. r
13. i   14. o   15. b   16. k   17. m   18. g   19. t   20. s

Ejercicio 5
1. a   2. c   3. b   4. a   5. b   6. c   7. b   8. a   9. b   10. a

Ejercicio 6
1. c   2. j   3. f   4. l   5. a   6. m   7. d   8. g   9. b   10. k   11. h   12. n
13. i   14. e

Ejercicio 7 *(Answers will vary.)*
1. Sí (No), (no) tengo una cuenta corriente.
2. Sí (No), (no) tengo una cuenta de ahorros.
3. Es una cuenta a la vista (a plazo).
4. Tengo la cuenta en _____.
5. Es un banco (una institución) ____.
6. La tasa de interés para una cuenta de ahorros es de ____.
7. Sí (No), (no) soy dueño(-a) o propietario(-a) de mi casa.
8. Sí (No), (no) tengo una hipoteca.

Ejercicio 8
1. a   2. c   3. a   4. b

Ejercicio 9
1. b   2. d   3. a   4. e   5. c

Ejercicio 10 *(Answers will vary.)*
1. Sí (No), (no) tengo una póliza de seguros.
2. Tengo la póliza con ____.
3. La fecha de vencimiento de la prima es ____.
4. Sí (No), (no) paga dividendos.
5. Sí (No), (no) se acumulan los dividendos.
6. Sí (No), (no) rinden intereses los dividendos acumulados.
7. El valor actual en efectivo de la póliza es ____.

CAPITULO 3: Organizaciones comerciales

Ejercicio 2
1. e   2. a   3. c   4. b   5. f   6. d   7. h   8. g

Ejercicio 3
1. individual   2. el domicilio   3. el costo   4. requerir   5. participar

Ejercicio 4
1. d   2. f   3. e   4. c   5. a   6. b

Ejercicio 5
1. f   2. m   3. d   4. h   5. p   6. j   7. r   8. l   9. t   10. k   11. a   12. q
13. i   14. c   15. o   16. g   17. n   18. b   19. e   20. s   21. u

Ejercicio 6

1. b   2. a   3. b   4. a   5. b   6. b   7. a   8. c   9. b   10. c

Ejercicio 7

1. d   2. e   3. a   4. f   5. c   6. b

Capitulo 4: Impuestos

Ejercicio 2

1. e   2. g   3. a   4. f   5. b   6. h   7. c   8. d   9. j   10. i

Ejercicio 3

1. h   2. n   3. d   4. a   5. f   6. k   7. q   8. b   9. m   10. i   11. p   12. s
13. j   14. e   15. c   16. l   17. o   18. g   19. r   20. t

Ejercicio 4

1. El Seguro Social   2. recauda   3. impuestos   4. estatales, municipales
5. el contribuyente   6. pormenorizar   7. gravable   8. ventas   9. bienes raíces
10. abonos

Ejercicio 5

1. pormenorizar   2. las exenciones   3. abonos   4. los bienes raíces   5. gravables

Capitulo 5: Valor del dinero a través del tiempo

Ejercicio 2

1. cálculos   2. doble   3. período   4. intereses, dividendos   5. máximo   6. dólar

Ejercicio 3

1. e   2. h   3. k   4. a   5. i   6. m   7. c   8. l   9. j   10. f   11. b   12. g
13. d

Ejercicio 4

1. el vendedor   2. el comprador   3. la deuda   4. el préstamo   5. la inversión
6. el interés compuesto

Capitulo 6: Técnicas de presupuesto del capital

Ejercicio 2

1. e   2. a   3. d   4. g   5. b   6. f   7. h   8. c

Ejercicio 3

1. b   2. a   3. c

Ejercicio 4

1. analizar   2. evaluar   3. constante   4. determinar   5. un departamento
6. la alternativa   7. el director   8. planificar   9. analizar   10. el criterio

Ejercicio 5

1. f   2. m   3. h   4. j   5. a   6. o   7. c   8. q   9. e   10. n   11. r   12. b
13. p   14. g   15. k   16. d   17. l   18. i

Ejercicio 6

1. b   2. c   3. b   4. a   5. c   6. a   7. c   8. c   9. b

Ejercicio 7
1. el presupuesto   2. la presupuestación   3. presupuestario   4. el rendimiento
5. el valor   6. el desembolso   7. el costo   8. la tasa   9. el flujo   10. el descuento

Ejercicio 8
1. f   2. c   3. e   4. h   5. a   6. g   7. b   8. d

Ejercicio 9
1. el costo (de producción)   2. la política fiscal   3. la venta
4. los costos y beneficios   5. disponibilidad

Ejercicio 10
1. c   2. f   3. e   4. g   5. i   6. j   7. a   8. b   9. d   10. h

Ejercicio 11
1. pronosticar   2. asumir   3. proponer   4. apoyar   5. promediar   6. adquirir

Ejercicio 12
1. apoyar   2. adquirir   3. el pronóstico   4. pronosticar   5. proponer
6. la propuesta   7. promediar

CAPITULO 7: Análisis de razones financieras

Ejercicio 2
1. formato   2. información   3. condición   4. inventario   5. circulación

Ejercicio 3
1. c   2. a   3. d   4. b

Ejercicio 4
   Hoja de balance
Activos
   Efectivo
   Valores negociables
   Cuentas por cobrar
   Inventarios
      Total activos circulantes
   Planta y equipo
   Menos depreciación
   Planta y equipo neto
   Total activos
Derechos sobre los activos
   Cuentas por pagar
   Documentos por pagar
   Pasivos devengados
   Provisión para impuestos federales
      Total pasivos circulantes
   Bonos de hipoteca
   Bonos a largo plazo
   Capital común
   Utilidades retenidas
      Total capital contable
   Total derechos sobre los activos

Ejercicio 5
> Estado de resultados
> Ventas netas
> Costo de bienes vendidos
> Utilidad bruta
> Gastos de operación
>> Gastos de ventas
>> Gastos generales y de administración
>> Pagos de arrendamiento
> Depreciación
> Ingreso neto en operación
> Ingreso bruto en operación
> Otros ingresos y gastos excepto intereses
> Menos gastos de intereses
>> Intereses sobre los documentos por pagar
>> Interés sobre la hipoteca
>> Interés sobre los bonos a corto plazo
> Ingreso neto antes de impuestos
> Impuestos federales
> Ingreso neto después de impuestos
> Utilidades por acción

Ejercicio 6
1. f   2. i   3. b   4. n   5. p   6. a   7. j   8. q   9. h   10. c   11. o   12. d
13. g   14. e   15. k   16. m   17. l

Ejercicio 7
1. el ingreso neto   2. el año corriente   3. los activos circulantes (corrientes)
4. la liquidez   5. las cuentas por pagar   6. las cuentas por cobrar
7. los gastos de operación   8. la rentabilidad

CAPITULO 8: Planificación y control financiero

Ejercicio 2
1. variable   2. el control   3. el transporte   4. la producción   5. la norma
6. el costo   7. el análisis   8. la planificación

Ejercicio 3
1. planificación   2. proyección   3. materiales   4. variable   5. costo   6. subárea
7. control   8. comisión

Ejercicio 4
1. c   2. e   3. i   4. a   5. j   6. d   7. h   8. f   9. b   10. g

Ejercicio 5
1. fabril   2. publicidad   3. comercialización   4. pronóstico   5. facturar
6. unidad   7. El punto de equilibrio   8. tamaño   9. deuda

CAPITULO 9: Otros fenómenos financieros

Ejercicio 3
1. la unificación   2. la liquidación   3. la adquisición   4. el financiamiento

5. el administrador   6. la obligación   7. remediar   8. combinar
9. el costo de producción   10. amigable   11. la sinergía   12. confrontar

Ejercicio 4
1. e   2. h   3. a   4. k   5. b   6. l   7. j   8. f   9. c   10. d   11. i   12. g

Ejercicio 5
1. fracaso   2. cierre   3. quiebra   4. La fusión   5. Sobrevivir   6. niveles

Ejercicio 6
1. ajustes   2. sobrevivir   3. retirar   4. emitir   5. la quiebra   6. cierre

Capitulo 10: Finanzas del comercio internacional

Ejercicio 2
1. multinacional   2. internacional   3. el teléfono, el télex, el facsímil
4. corporativos

Ejercicio 3
1. c   2. e   3. f   4. b   5. d   6. a

Ejercicio 4
1. j   2. e   3. o   4. a   5. l   6. c   7. p   8. i   9. b   10. q   11. d   12. g
13. n   14. k   15. f   16. m   17. h

Ejercicio 5
1. Para poder competir mejor, las grandes empresas de automóviles establecen fábricas en el extranjero.
2. La competencia controla la subida de los precios.
3. La Ford y Honda son dos grandes competidoras de automóviles.
4. Los precios de los autos norteamericanos son competitivos con los de los japoneses.
5. Habría una falta de competividad si los autos norteamericanos que son exportados al extranjero fueran más caros que los autos fabricados en el país extranjero.

Ejercicio 6
1. efectuar   2. deducir   3. conlleva   4. manufactura (fabrica)
5. La tasa de cambio   6. la libra esterlina   7. La compañía matriz   8. riesgos

Ejercicio 7
1. c   2. d   3. e   4. a   5. b

CONTABILIDAD

Capitulo 11: ¿Qué es la contabilidad?

Ejercicio 2
1. la terminología   2. el individuo   3. la valuación   4. comprensible
5. la exposición   6. el concepto   7. verificar   8. el balance   9. el propietario
10. el honorario

Ejercicio 3
1. d   2. e   3. f   4. a   5. b   6. c   7. j   8. i   9. h   10. g

Ejercicio 4
1. d   2. c   3. f   4. a   5. h   6. g   7. b   8. e

Ejercicio 5
1. k   2. d   3. g   4. a   5. i   6. h   7. c   8. n   9. f   10. m   11. b   12. e
13. j   14. l

Ejercicio 6
1. c   2. b   3. c   4. b   5. c   6. a   7. a   8. a   9. c   10. b

Ejercicio 7
1. i   2. m   3. f   4. p   5. s   6. a   7. k   8. c   9. o   10. d   11. h   12. r
13. g   14. b   15. q   16. j   17. n   18. e   19. t   20. l

Ejercicio 8
1. e   2. j   3. a   4. i   5. b   6. h   7. l   8. c   9. g   10. d   11. f   12. k

Ejercicio 9
1. una compañía de seguros   2. contable   3. tenedor de libros   4. un honorario
5. La deuda   6. El capital contable   7. beneficios   8. suma

CAPITULO 12: Cuentas, libros y diarios

Ejercicio 2
1. el diario   2. cronológico   3. el impacto   4. el inventario   5. el balance
6. la disminución   7. el intervalo   8. la planta   9. el vehículo   10. el acreedor
11. analizar   12. la serie

Ejercicio 3
1. b   2. e   3. c   4. a   5. d

Ejercicio 4
1. transacción   2. impacto   3. situación   4. reducción

Ejercicio 5
1. e   2. h   3. a   4. g   5. c   6. j   7. b   8. f   9. d   10. i

Ejercicio 6
1. el balance   2. el estado financiero   3. el estado de resultados
4. el libro mayor general   5. la cuenta   6. debe   7. haber

Ejercicio 7
1. e   2. i   3. k   4. a   5. f   6. b   7. h   8. m   9. d   10. n   11. l   12. c
13. j   14. g   15. o

Ejercicio 8
1. un activo   2. un pasivo   3. un pasivo   4. un activo   5. un pasivo   6. un activo
7. un activo

Ejercicio 9
1. un activo circulante   2. un activo fijo   3. un activo fijo   4. un activo circulante
5. un activo circulante   6. un activo fijo

CAPITULO 13: Pasos del ciclo contable

Ejercicio 2
1. transacción   2. columna   3. cálculos   4. cómputos   5. secuencia

Ejercicio 3
1. calcular   2. completar   3. la exactitud   4. específico   5. el evento   6. inicial
7. correcto   8. el efecto   9. el ciclo

Ejercicio 4
1. e   2. d   3. a   4. c   5. b

Ejercicio 5
1. d (g)   2. g (d)   3. i   4. a   5. j   6. m   7. c   8. n   9. k   10. e   11. l
12. b   13. h   14. f   15. o

Ejercicio 6
1. el balance de comprobación   2. la suma   3. efectuarse   4. el patrimonio
5. concordar   6. el procedimiento   7. el listado   8. resumir   9. registrar

Ejercicio 7
1. montos, sumas   2. balance de comprobación   3. listado   4. concordar
5. registrar   6. secuencia   7. resumen

CAPITULO 14: Hoja de trabajo

Ejercicio 2
1. e   2. c   3. a   4. d   5. b   6. g   7. h   8. f   9. j   10. i

Ejercicio 3
1. error   2. automáticamente   3. discrepancia, datos   4. espacio, título
5. explicación

Ejercicio 4
1. f   2. j   3. a   4. g   5. c   6. i   7. b   8. l   9. n   10. e   11. d   12. k
13. m   14. h

Ejercicio 5
1. a   2. c   3. b   4. a   5. c   6. a   7. b   8. c

CAPITULO 15: Estados financieros

Ejercicio 2
1. el proceso   2. transferir   3. inicial   4. verificar   5. un ciclo   6. final
7. facilitar   8. el proceso   9. el balance   10. comenzar   11. determinar

Ejercicio 3
1. b   2. d   3. e   4. c   5. a

Ejercicio 4
1. a   2. d   3. k   4. e   5. j   6. g   7. c   8. i   9. b   10. l   11. h   12. f

Ejercicio 5
1. d   2. c   3. f   4. a   5. b   6. e

Ejercicio 6

Hoja de balance

Activos

Pasivos y Patrimonial

Activos circulantes:

Pasivos circulantes:

Efectivo
Cuentas por cobrar
Arrendamientos adelantados
Materiales de oficina
     Total activos circulantes
Planta y equipo
  Equipo de oficina
  Menos: Depreciación acumulada
     Total planta y equipo
Total activos

Cuentas por pagar
Salarios por pagar
Comisiones no ganadas
     Total pasivos circulantes
Patrimonial
Capital, 1/11/9_
Ingreso neto
Menos: Retiros
     Capital, 31/10/9_
Total pasivos y patrimonial

Capitulo 16: La contabilización de mercaderías

Ejercicio 2
1. b   2. e   3. d   4. c   5. a   6. g   7. f   8. i

Ejercicio 3
1. inventario   2. unidades   3. cliente   4. descuento   5. margen o ganancia bruta
6. reduce

Ejercicio 4
1. j   2. a   3. e   4. f   5. h   6. b   7. c   8. d   9. g   10. i

Ejercicio 5
1. c   2. f   3. k   4. a   5. i   6. d   7. h   8. e   9. b   10. l   11. j   12. g

Ejercicio 6
1. negocio   2. mayorista   3. minorista   4. mayorista, minorista   5. costo de ventas
6. operativo   7. ganancia bruta   8. devoluciones   9. sobrante   10. día

Capitulo 17: Control interno

Ejercicio 2
1. el control interno   2. la transacción   3. el cheque   4. computerizado
5. la división (de una compañía)   6. el fraude   7. la precisión   8. la protección
9. ineficiente   10. evaluar

Ejercicio 3
1. control   4. uso   3. información   4. cheque   5. físico

Ejercicio 4
1. c   2. h   3. f   4. a   5. d   6. b   7. e   8. g

Ejercicio 5
1. el dividendo   2. el objetivo   3. físico   4. la explicación   5. la necesidad
6. la conformidad   7. el total   8. el tipo   9. evaluar   10. la administración

Ejercicio 6
1. p   2. a   3. f   4. i   5. r   6. c   7. l   8. n   9. b   10. d   11. o   12. g
13. q   14. k   15. e   16. m   17. j   18. h

Ejercicio 7
1. b   2. c   3. c   4. a   5. b

Ejercicio 8
1. el subdiario de ventas   2. el subdiario caja ingresos   3. el subdiario de compras
4. el subdiario caja egresos   5. el subdiario caja ingresos   6. el subdiario caja egresos

CAPITULO 18: El efectivo

Ejercicio 2
1. detectar el fraude   2. dos copias del documento   3. en depósito
4. la conciliación bancaria   5. la autoridad para dar autorización
6. un sistema de control interno

Ejercicio 3
1. transportar   2. interno   3. depositar, fondos   4. deshonesto   5. cheque
6. intento

Ejercicio 4
1. c   2. e   3. a   4. d   5. f   6. b

Ejercicio 5
1. e   2. g   3. a   4. c   5. b   6. j   7. f   8. i   9. d   10. h

Ejercicio 6
1. g   2. j   3. d   4. l   5. a   6. h   7. o   8. e   9. b   10. f   11. c   12. p
13. n   14. i   15. m   16. k

Ejercicio 7
1. el pagaré   2. el dinero-papel   3. la moneda   4. el hurto (el robo)   5. el importe
6. el bono   7. el recuento   8. la cinta   9. un giro postal   10. la caja fuerte
11. el sello (la estampilla)   12. la caja registradora

Ejercicio 8
1. f   2. j   3. m   4. o   5. a   6. h   7. c   8. l   9. r   10. s   11. b   12. u
13. d   14. k   15. v   16. e   17. p   18. g   19. n   20. q   21. i   22. w   23. t
24. x

Ejercicio 9
1. una cuenta de ahorros   2. cuenta corriente   3. chequera   4. un estado de cuenta
5. saldo   6. cargos por servicio   7. firma   8. La caja chica   9. recibo   10. pedido
11. vale   12. factura   13. abastecer   14. archivar   15. adjunto

CAPITULO 19: Los activos

Ejercicio 2
1. planta   2. tangibles   3. intangibles   4. naturales   5. el período   6. costo
7. depreciación

Ejercicio 3
1. tangible   2. intangible   3. compra   4. término   5. repartir   6. depreciación
7. camión

Ejercicio 4
1. n   2. m   3. l   4. k   5. j   6. i   7. h   8. g   9. f   10. e   11. d   12. c
13. b   14. a

Ejercicio 5
1. el costo   2. inicial   3. calcular, computar   4. considerar   5. el economista
6. la adquisición   7. acumular   8. el máximo   9. el límite   10. adicional

Ejercicio 6
1. d   2. i   3. a   4. k   5. f   6. l   7. b   8. j   9. e   10. g   11. c   12. h

Ejercicio 7
1. los activos fijos   2. la planta física   3. el precio de compra   4. el costo inicial
5. los gastos anticipados   6. los activos circulantes   7. la patente de invención
8. la marca registrada

Ejercicio 8
1. g   2. c   3. i   4. e   5. k   6. j   7. m   8. a   9. d   10. l   11. f   12. h
13. b

Ejercicio 9
1. a   2. b   3. b   4. a   5. b   6. b

Capitulo 20: Asociaciones

Ejercicio 2
1. e   2. h   3. a   4. j   5. b   6. i   7. d   8. g   9. c   10. f   11. l   12. n
13. o   14. k   15. m

Ejercicio 3
1. la deuda   2. el salario   3. contribuir, proveer   4. el capital   5. el contrato
6. actual   7. la corporación   8. el talento

Ejercicio 4
1. d   2. g   3. j   4. l   5. a   6. c   7. k   8. b   9. i   10. f   11. h   12. e

Ejercicio 5
1. socios   2. asociación   3. derechos   4. retirar   5. compartir   6. valorización
7. actual   8. de mercado   9. provienen   10. procedimiento

Ejercicio 6
1. c   2. e   3. h   4. a   5. g   6. b   7. f   8. d

Ejercicio 7
1. Trabaja a tiempo parcial.
2. Trabaja a tiempo completo.
3. Se consideran intereses.
4. Debe consultar el estado de resultados.
5. La cuenta corriente indica las transacciones de retiro de cada socio.
6. Debe consultar la cuenta de capital.

Capitulo 21: Sociedades anónimas y accionistas

Ejercicio 2
1. común   2. preferencial   3. certificado   4. elección   5. adicionales
6. dividendo

Ejercicio 3
1. elección, directores   2. dividendos   3. arbitrario   4. comunes, preferenciales
5. declara

Ejercicio 4
1. los dividendos   2. disolver   3. poseer   4. la porción (la proporción)
5. existente   6. máximo

Ejercicio 5
1. c   2. e   3. b   4. f   5. a   6. d

Ejercicio 6
1. g   2. c   3. i   4. k   5. a   6. n   7. l   8. e   9. b   10. m   11. o   12. f
13. p   14. j   15. q   16. d   17. h

Ejercicio 7
1. sociedad anónima   2. emite   3. accionistas   4. certificado de propiedad
5. emisión   6. de mercado   7. El valor a par   8. La Bolsa de Valores
9. preferenciales   10. La utilidad por acción   11. El patrimonio de los accionistas
12. demandas   13. Las utilidades retenidas

CAPITULO 22: El flujo de efectivo

Ejercicio 2
1. la provisión   2. indirecto   3. el futuro   4. positivo

Ejercicio 3
1. h   2. a   3. f   4. b   5. g   6. d   7. c   8. e

Ejercicio 4
1. proveedor, provisiones   2. directo, método   3. analizar   4. dividendos
5. deuda

Ejercicio 5
1. neto   2. la deuda   3. la adquisición   4. la categoría   5. externo   6. positivo
7. la información   8. informar   9. la cantidad

Ejercicio 6
1. d   2. g   3. i   4. a   5. b   6. k   7. f   8. c   9. h   10. e   11. j

Ejercicio 7
1. pago (cobro)   2. cobro   3. pago   4. pago   5. pago   6. cobro

Ejercicio 8
1. la deuda   2. el cobro   3. el estado de flujo de efectivo   4. el préstamo
5. el ingreso neto

CAPITULO 23: Razones y análisis

Ejercicio 2
1. investigación, detalle   2. paralelas   3. recientes, comparativo   4. categorías
5. balance   6. independiente   7. base

Ejercicio 3
1. la categoría   2. los datos   3. la opinión   4. permitir   5. el análisis
6. independiente   7. interpretar

Ejercicio 4
1. f   2. d   3. h   4. g   5. b   6. c   7. i   8. e   9. a

Ejercicio 5
1. el rendimiento sobre activos totales   2. la eficiencia gerencial
3. el análisis de tendencia   4. los datos financieros   5. la auditoría independiente

CAPITULO 24: Tipos de contabilidad

Ejercicio 2
1. costos   2. actividades   3. monetarios   4. costos   5. financiera   6. información
7. costo   8. decisiones

Ejercicio 3
1. d   2. f   3. a   4. c   5. b   6. e   7. l   8. j   9. m   10. n   11. g   12. i
13. k   14. h

Ejercicio 4
1. a   2. b   3. c   4. c   5. a

Ejercicio 5
1. e   2. h   3. j   4. a   5. f   6. l   7. c   8. p   9. d   10. o   11. g   12. i
13. b   14. k   15. n   16. m

Ejercicio 6
1. los costos de fábrica (manufactura)   2. los costos de mano de obra
3. costos de producto   4. costos periódicos   5. la comercialización
6. la contabilidad gerencial   7. el inventario de materiales
8. el inventario de bienes terminados   9. la contabilidad de costos
10. la planificación y el control

CAPITULO 25: El presupuesto

Ejercicio 2
1. proceso   2. internas   3. condiciones   4. demanda   5. producción   6. plan
7. costos   8. capital   9. computerizado

Ejercicio 3
1. d   2. f   3. a   4. e   5. b   6. c

Ejercicio 4
1. una expresión cuantitativa de objetivos   2. la planificación eficaz
3. un sumario de las actividades planeadas

Ejercicio 5
1. flexible   2. el capital   3. coordinar   4. el proceso   5. interno   6. la demanda
6. el costo   7. razonable

Ejercicio 6
1. a   2. e   3. g   4. d   5. b   6. i   7. c   8. f   9. h

Ejercicio 7
1. el presupuesto general   2. el presupuesto de efectivo
3. los ingresos presupuestados   4. el balance general presupuestado
5. el presupuesto operativo (de costos operativos)
6. el presupuesto de gastos de capital

Ejercicio 8
1. d   2. f   3. a   4. h   5. c   6. e   7. b   8. g

Ejercicio 9
1. el pronóstico de ventas   2. la demanda para el producto   3. el rendimiento
4. el plan de producción   5. los costos de manufactura   6. la competencia
7. la tasa de interés

CAPITULO 26: Contabilidad en el comercio internacional

Ejercicio 2
1. método   2. contables   3. internacional   4. multinacional

Ejercicio 3
1. c   2. b   3. e   4. d   5. a

Ejercicio 4
1. e   2. i   3. k   4. a   5. b   6. j   7. g   8. c   9. h   10. f   11. d

Ejercicio 5
1. divisas   2. tasa de cambio   3. sube, baja   4. envuelve
5. se facturan, se cobra (cobran)   6. acuerdo   7. Las operaciones extranjeras

SPANISH-ENGLISH VOCABULARY

A

a corto plazo   short-term
a largo plazo   long-term
abajo para arriba   bottom-up
abastecer   to replenish
abonos *m pl*   installments
abreviatura *f*   abbreviation
acción *f*   stock, share
acción común *f*   common stock
acción de capital *f*   capital stock
acción preferencial *f*   preferred stock
accionista *m* or *f*   stockholder, shareholder
aceptado   accepted
aceptar   to accept
acreedor *m*   creditor
actividad *f*   activity
actividad económica *f*   economic activity
activos *m pl*   assets
activos circulantes *m pl*   current assets
activos corrientes *m pl*   current assets
activos de capital *m pl*   capital assets
activos fijos *m pl*   fixed assets
activos financieros *m pl*   financial assets
activos intangibles *m pl*   intangible assets
activos tangibles *m pl*   tangible assets
actual   present
acuerdo *m*   agreement
acumulado   accumulated
acumular   to accumulate
adelante   forward
adicional   additional
adjunto   attached
administración *f*   administration, management
administrador *m*   administrator, manager
administrar   to administer, manage
administrativo   administrative
adquirir   to obtain, acquire
adquisición *f*   acquisition

afirmar   to affirm
ahorros *m pl*   savings
ajustar   to adjust
ajuste *m*   adjustment
al día   up-to-date
al pie de la hoja   at the bottom of the sheet (of paper)
al por mayor   wholesale
al por menor   retail
alcanzar   to reach
alquiler *m*   rent
alternativa *f*   alternative
alza *f*   increase, rise
ámbito *m*   environment
amigable   friendly
amortización *f*   amortization
amortizar   to amortize
análisis *m*   analysis
análisis de tendencia *m*   trend analysis
análisis del flujo de efectivo *m*   cash flow analysis
análisis del punto de equilibrio *m*   analysis of breakeven point
analizar   to analyze
anticipar   to anticipate
anualidad *f*   annuity
anualmente   yearly
añadir   to add
año base *m*   base year
año corriente *m*   current year
año fiscal *m*   fiscal year
apalancamiento *m*   leverage
aparecer   to appear
apoderado *m*   proxy
apoyar   to support
aprobar   to support, to approve
aranceles *m pl*   duty, tariffs, excise tax
arbitrario   arbitrary
archivar   to file

área de producción *f* production area
arreglar to fix
arrendamiento adelantado *m* prepaid
  rent
arriba para abajo top-down
asegurado insured
asegurar to assure, insure
asignar to assign
asignar a gastos to write off
asociación *f* partnership
asociación cooperativa de crédito *f*
  credit union
asociación general *f* general partnership
asociación limitada *f* limited partnership
asumir to assume
asuntos financieros *m pl* financial
  matters
atrás backward
auditoría *f* auditing, audit
auditoría independiente *f* independent
  audit
aumentar to increase
autoridad *f* authority
autorización *f* authorization
autorizado authorized
avanzado advanced

B

baja *f* decrease, fall; downswing
bajar to go down
balance *m* balance; balance sheet
balance de cierre *m* closing balance
balance de comprobación *m* trial
  balance
balance de comprobación poscierre *m*
  postclosing trial balance
balance general *m* master balance;
  master balance sheet
balance general presupuestado *m*
  budgeted balance sheet
balancear to balance
banco *m* bank
banco comercial *m* commercial bank
banco de ahorros *m* savings bank
base *f* base
básico *m* basic thing
beneficios *m pl* profits, benefits
bienes *m pl* goods
bienes raíces *m pl* real estate

bienes y servicios *m pl* goods and
  services
billete *m* bill
Bolsa de Valores *f* Stock Market
bonificación *f* discount, allowance
bono *m* bond
bono a corto plazo *m* short-term bond
bono a largo plazo *m* long-term bond
bono de ahorro *m* savings bond
bono de hipoteca *m* mortgage bond
bono estatal *m* state (government) bond
bono federal *m* federal (government)
  bond
bono fiscal *m* treasury bond
bono municipal *m* municipal bond
bruto gross
buena voluntad *f* goodwill
buscar to look for

C

caja chica *f* petty cash
caja de ahorros *f* savings bank
caja de ahorro y crédito *f* savings and
  loan institution
caja de ahorro y préstamo *f* savings and
  loan institution
caja fuerte *f* safe
caja registradora *f* cash register
cajero *m* cashier
calcular to calculate
cálculo *m* calculation
calificar to qualify
cambio *m* change, exchange
cantidad *f* quantity
cantidad inferior *f* lesser quantity
cantidad superior *f* greater quantity
capacidad gerencial *f* managerial
  ability
capataz *m* foreman
capital *m* capital
capital contable *m* equity
cargo por (de) servicio *m* service charge
caridad *f* charity
caro expensive
carta *f* letter
categoría *f* category
cerrar to close
certificado de depósito *m* certificate of
  deposit (CD)

certificado de propiedad *m*   certificate of ownership, proprietorship certificate
certificado de registro *m*   registration certificate
ciclo *m*   cycle
ciclo contable *m*   accounting cycle
ciclo de cierre *m*   closing cycle
cierre *m*   closing
cinta *f*   tape
clasificar   to classify
cliente *m* or *f*   client, customer
cobrar   to charge, collect
cobrarse   to be charged
cobros anticipados *m pl*   unearned income
cobros y pagos *m pl*   receipts and payments
columna *f*   column
columnado   columned, multicolumn
combinar   to combine
comercial   commercial, business, trade
comercialización *f*   marketing
comerciar   to trade
comercio *m*   trade, commerce
comercio internacional *m*   international trade, commerce
comisión *f*   commission
comisión no ganada *f*   unearned commission
compañía *f*   company
compañía de préstamos *f*   loan company
compañía de seguros *f*   insurance company
compañía matriz *f*   parent company
compañía tenedora *f*   holding company
comparación *f*   comparison
comparar   to compare
comparativo   comparative
compartir   to share
competencia *f*   competition; competence
competidor *m*   competitor
competir   to compete
competitivo   competitive
competividad *f*   competitiveness
complicado   complicated
compra *f*   purchase
comprador *m*   buyer
comprender   to comprehend, understand
comprensible   comprehensible

comprobar   to verify, check, prove; reconcile
computadora *f*   computer
computerizado   computerized
cómputos *m pl*   computations
común   common
concepto *m*   concept
concesión *f*   allowance
conciliación bancaria *f*   bank reconciliation
concordar   to agree
condensar   to condense
condición *f*   condition
condición económica *f*   economic state
conexión *f*   connection
confiabilidad *f*   reliability
confiable   reliable
confianza *f*   trust
confrontar   to confront
conglomerado *m*   conglomerate
conjetura *f*   conjecture
conjunto *m*   collection, group, combination
conllevar   to carry with it
consentir   to consent
considerar   to consider
consignación *f*   allocation
consignar   to allocate
consolidación *f*   consolidation
constante   constant
contabilidad *f*   accounting
contabilidad de costos *f*   cost accounting
contabilidad financiera *f*   financial accounting
contabilidad gerencial *f*   managerial accounting
contabilización de costos *f*   cost accounting
contable *m* or *f*   accountant
contable público certificado *m*   certified public accountant (CPA)
contador público titulado *m*   certified public accountant (CPA)
contar   to count
contener   to contain
contenido *m*   content
contralor *m*   controller
contratar   to hire, sign a contract
contrato *m*   contract

contribución *f* contribution, tax
contribución estatal *f* state tax
contribuir to contribute
contribuyente *m* or *f* taxpayer
control *m* control
control interno *m* internal control
controlar to control
controles contables *m pl* accounting controls
coordinar to coordinate
copia *f* copy
copiar to copy
corporación *f* corporation
corporación de fines no lucrativos (no de lucro) *f* nonprofit organization
corporación privada *f* privately owned corporation
corporación subsidiaria *f* subsidiary corporation
corporativo corporate
corrección *f* correction
corredor *m* broker
corregir to correct
correo *m* mail, post office
corte *f* court
costar to cost
costo *m* cost
costo de bienes vendidos *m* cost of goods sold
costo de capital *m* cost of capital
costo de las mercancías *m* cost of merchandise
costo de ventas *m* cost of sales, sales cost
costo del inventario *m* cost of inventory, inventory cost
costo inicial *m* initial cost
costos de fábrica *m pl* manufacturing costs
costos de mano de obra *m pl* direct labor costs
costos de manufactura *m pl* manufacturing costs
costos de operación *m pl* operating costs
costos de producción *m pl* production costs
costos de producto *m pl* product costs
costos fijos *m pl* fixed costs
costos generales *m pl* overhead costs
costos operativos *m pl* operating costs
costos periódicos *m pl* periodic costs
costos variables *m pl* variable costs
costos y beneficios *m pl* cost and profit
crecimiento económico *m* economic growth
criterio *m* criteria
crítico critical
cronológico chronological
cuantitativo quantitative
cuenta *f* account
cuenta a la vista *f* demand account, day-to-day account
cuenta corriente *f* draw(ing) account, checking account
cuenta de activos intangibles *f* intangible assets account
cuenta de ahorros *f* savings account
cuenta de capital *f* capital account, equity account
cuenta de inventario *f* inventory account
cuenta de retiro *f* draw(ing) account
cuenta individual de retiro *f* individual retirement account (IRA)
cuenta patrimonial *f* equity account, capital account
cuentas por cobrar *f pl* accounts receivable
cuentas por pagar *f pl* accounts payable
cuidar de to take care of
cumplir to fulfill
cupón *m* coupon

CH
cheque *m* check
chequera *f* checkbook

D
dar por bueno to approve, accept
datos contables *m pl* accounting data
datos financieros *m pl* financial data
de fines no lucrativos (no de lucro) nonprofit
de suma importancia of utmost importance
debe *m* debit
deber to owe
decisión *f* decision
declarar to declare

dedicar   to dedicate, devote, assign
deducción *f*   deduction
deducible *m*   deductible
deducir   to deduct
defensa nacional *f*   national defense
definir   to define
demanda *f*   claim; demand
demanda para el producto *f*   product demand
demandar   to sue, file suit
demora *f*   delay
demora en los pagos *f*   delayed payments
departamento *m*   department
departamento de compras *m*   purchasing department
departamento de contabilidad *m*   accounting department
departamento de ventas *m*   sales department
dependiente   dependent
dependiente *m or f*   clerk
depositar   to deposit
depósito *m*   deposit
depósito de reserva *m*   reserve deposit
depreciación *f*   depreciation
depreciación acumulada *f*   accumulated depreciation
depreciar   to depreciate
derecho *m*   right
derechos sobre los activos *m pl*   liabilities
desarrollo *m*   development
descontar   to discount
describir   to describe
descuento *m*   discount
desembolso inicial *m*   initial outlay
desigualdad *f*   inequality
desperdicio *m*   waste
desventaja *f*   disadvantage
desviación *f*   deviation
detallado   detailed
detalle *m*   detail
detectar   to detect
determinar   to determine
deuda *f*   debt
devengado   accrued
devolver   to return
diario *m*   journal
diario   daily
diario general *m*   general ledger

diferencia *f*   difference
dinero-papel *m*   paper money
dirección *f*   direction; management
directo   direct
director *m*   director
dirigir   to direct, run
discrepancia *f*   discrepancy
diseño *m*   design
disminución *f*   diminution, decrease
disminuir   to decrease
disolución *f*   dissolution
disolver   to dissolve
disponer   to dispose
disponibilidad *f*   availability
disposición *f*   disposition
distribución *f*   distribution
distribuir   to distribute
dividendo *m*   dividend
dividir   to divide
divisas *f pl*   foreign currencies
división *f*   division
doble *m*   double
docena *f*   dozen
documentación *f*   documentation
documento *m*   document, note
documentos por pagar *m pl*   notes payable, debentures
dólar *m*   dollar
domicilio *m*   domicile
dueño *m*   owner
durar   to last

E

educación *f*   education
efectivo *m*   cash
efectivo por pagar *m*   cash payable
efecto *m*   effect
efectuarse   to take place, carry out
eficaz   efficient
eficiencia *f*   efficiency, effectiveness
eficiente   efficient
egresos *m pl*   expenditures, expenses
ejecutivo *m*   executive
ejercer   to exercise
elección *f*   election
elegir   to elect
eliminar   to eliminate
emisión *f*   issuance
emitir   to issue

empleado *m*   employee
emplear   to employ, use
empresa *f*   company, enterprise
empresa manufacturera *f*   manufacturing
   company
empresa mercantil *f*   mercantile company
en circulación   in circulation
en depósito   on deposit
en efectivo   in cash
encargado   in charge
encargarse de   to take charge of
entidad *f*   entity
entrada *f*   entry
entregar   to deliver, hand over
enviar   to mail, send
envolver   to involve, wrap up
equipo *m*   equipment
equipo de oficina *m*   office equipment
escoger   to choose
escribir   to write
escritura *f*   written document, deed
especialista *m* or *f*   specialist
esperar   to hope
estable   stable
establecer   to establish
establecimiento *m*   establishment
estadística *f*   statistic
estado *m*   state; statement
estado de cuenta *m*   account statement
estado de flujo de efectivo *m*   cash flow
   statement
estado de resultados *m*   profit and loss
   statement (P&L)
estado de resultados presupuestado *m*
   budgeted income statement, pro forma
   profit and loss statement
estado de salud *m*   state of health
estado de utilidades retenidas *m*
   statement of retained earnings
estado financiero *m*   financial statement
estado financiero comparativo *m*
   comparative financial statement
estado interino *m*   interim statement
estado mensual de banco *m*   monthly
   bank statement
estampilla *f*   stamp
estándar *m*   standard
estar de acuerdo   to agree
estatal   state

etapa *f*   stage
evaluación *f*   evaluation
evaluar   to evaluate
evitar   to avoid
exceder   to exceed
exceso *m*   excess
exención *f*   exemption
exhibición *f*   exhibition
existencia *f*   existence
existencias *f pl*   stock
existente   existing
expansión *f*   expansion
exposición *f*   exposition
expresión *f*   expression

F

fábrica *f*   factory
fabricado   manufactured
fabricante *m* or *f*   manufacturer
fabricar   to manufacture
fabril   manufacturing
fácil   easy
facilitar   to facilitate
facsímil(e) *m*   facsimile (fax)
factor *m*   factor
factura *f*   bill
facturar   to bill
facturización *f*   billing
falta *f*   lack
fase *f*   phase
fecha *f*   date
fecha de pago *f*   payment date
fecha de vencimiento *f*   due date
federal   federal
fenómeno *m*   phenomenon
figurar   to appear
fijar   to fix, set
fijo   fixed, set
final   final
financiamiento *m*   financing, financing
   activities
financiar   to finance
financiero   financial
finanzas *f pl*   finances
firma *f*   signature
físico   physical
flexible   flexible
fluctuación *f*   fluctuation
flujo de efectivo *m*   cash flow

fondos *m pl*   funds
fondos de pensión *m pl*   pension funds
fondos federales *m pl*   federal funds
fondos mutualistas *m pl*   mutual funds
formalidad *f*   formality
formato *m*   format
formulación *f*   formulation
formular   to formulate
fracaso *m*   failure
fracaso económico *m*   economic failure
fracaso financiero *m*   financial failure
fraude *m*   fraud
fuente *f*   source
fuente de energía *f*   energy source
función *f*   function
funcionamiento *m*   functioning, operation
funcionar   to operate, function
funcionario *m*   officer
funcionario ejecutivo principal *m*   chief executive officer (CEO)
fundación *f*   foundation
fundar   to found
fusión *f*   merger
futuro *m*   future

G

ganancia bruta *f*   gross margin
ganancias *f pl*   profits, earnings, gains, income
ganancias a corto plazo *f pl*   short-term earnings (income)
ganancias a largo plazo *f pl*   long-term earnings (income)
ganancias de capital *f pl*   capital gains
ganar   to earn
garantizar   to guarantee
gastar   to spend
gasto *m*   expense, expenditure, cost
gastos administrativos *m pl*   administrative expenses (costs)
gastos anticipados *m pl*   prepaid expenses
gastos de administración *m pl*   administrative expenses (costs)
gastos de depreciación *m pl*   depreciation expenses (costs)
gastos de intereses *m pl*   interest expenses (costs)
gastos de operación *m pl*   operating expenses (costs)

gastos de ventas *m pl*   sales costs, selling expenses (costs)
gastos generales *m pl*   overhead expenses (costs)
gastos operativos *m pl*   operating expenses (costs)
gerencia *f*   management
gerente *m*   manager
giro postal *m*   postal money order
gravable   taxable
gravamen *m*   obligation
gravarse   to be taxed, be liable
grave   serious
guardar   to keep

H

haber *m*   credit
hacia   toward
herramienta *f*   tool
hipoteca *f*   mortgage
hoja de balance *f*   balance sheet
hoja de trabajo *f*   worksheet
honorario *m*   fee
hostil   hostile
hurto *m*   theft, robbery

I

identificación *f*   identification
identificar   to identify
igual   equal
igualdad *f*   equality
ilegal   illegal
ilimitado   unlimited
impacto *m*   impact
importe *m*   amount, price
impuesto *m*   tax
impuesto corporativo *m*   corporate tax
impuesto federal *m*   federal tax
impuesto sobre ventas *m*   sales tax
incontrolable   uncontrollable
incorporación *f*   incorporation
incorporado   incorporated
incorporar   to incorporate
incrementar   to increase
incremento *m*   increase, increment
independiente   independent
indicar   to indicate
indirecto   indirect
individual   individual

individuo *m* individual
ineficiente inefficient
inflación *f* inflation
influir to influence
información *f* information
informar to show, indicate, report
ingreso *m* income, earnings, revenue
ingreso bruto *m* gross income
ingreso bruto ajustado *m* adjusted gross income
ingreso bruto en operación *m* gross operating income
ingreso gravable *m* taxable income
ingreso neto *m* net income
ingreso neto en operación *m* net operating income
ingreso ordinario *m* ordinary income
ingreso personal *m* personal income
ingreso por ventas *m* sales income (earnings)
ingresos presupuestados *m pl* budgeted income
inicial initial
iniciar to initiate
instalación *f* set-up, installation
institución *f* institution
intangible intangible
intensidad *f* intensity
interés *m* interest
interés compuesto *m* compound interest
interferencia *f* interference
interferir to interfere
intermediario *m* intermediary
internacional international
interpretación *f* interpretation
interpretar to interpret
intervalo *m* interval
inventario *m* inventory
inventario de bienes terminados *m* finished goods inventory
inventario de materiales *m* materials inventory
inventario de trabajo en proceso *m* work-in-process inventory
inventario periódico *m* periodic inventory
inventario permanente *m* permanent inventory
invento *m* invention

inversión *f* investment
inversión a largo plazo *f* long-term investment
inversiones *f pl* investments, investment activities
inversionista *m* or *f* investor
invertir to invest
investigación *f* investigation, research
investigación minuciosa *f* thorough, intensive investigation (research)
ítem *m* item

J

jefe *m* boss, chief, head
jefe de departamento *m* department head
jerarquía empresarial *f* managerial hierarchy
jornal *m* daily wage
jubilado retired
junta *f* board
junta de directores (directiva) Board of Directors
juntar to combine, join
jurídico judicial, legal

L

legal legal
letra clave *f* key letter
libra esterlina *f* pound sterling
libro mayor *m* ledger
libro mayor auxiliar *m* subsidiary ledger
libro mayor general *m* general ledger
limitado limited
límite *m* limit
liquidación *f* liquidation
liquidar to liquidate
liquidez *f* liquidity
líquido liquid
lista *f* list
listado *m* list

LL

llevar to carry, bear

M

manejar to manage, operate
mano de obra *f* manpower
mantener to keep

mantenimiento *m* maintenance, maintaining
manufacturar to manufacture
máquina *f* machine
maquinaria *f* machinery
marca registrada *f* trademark
margen *m* margin
marketing *m* marketing
materia prima *f* raw material
material *m* material
materiales de oficina *m pl* office supplies
maximización *f* maximization
maximización de los beneficios *f* profit maximization
maximización del valor *f* maximization of value
máximo *m* maximum
mayoría *m* or *f* majority
mayorista *m* wholesaler
medida *f* measure, step
medir to measure
mejorar to improve
menos less
mensual monthly
mercadeo *m* marketing
mercaderías *f pl* merchandise
mercado *m* market
mercado de divisas *m* foreign currency market
Mercado de Valores *m* Stock Market
mercado primario *m* primary market
mercado secundario *m* secondary market
mercancías *f pl* merchandise
meta *f* goal, objective
meta corporativa *f* corporate goal
meta principal *m* main goal
método *m* method
miembro *m* member
mínimo *m* minimum
minorista *m* or *f* retailer
moneda *f* coin
monto *m* sum, total, amount
mostrar to show
motivar to motivate
mueble *m* furniture
multa *f* fine
multinacional multinational
multiplicar to multiply

mundo de los negocios *m* business world
municipal municipal

N

necesitar to need
negativo negative
negociable negotiable
negociante *m* or *f* merchant
negociar to negotiate
negocio *m* business
negocio mercantil *m* merchandising business
neto net
nivel *m* level
nivel de administración *m* administrative level
nivel de producción *m* production level
no caber duda to be no doubt
nombrar to name
norma *f* norm
normal normal

O

objetivo *m* objective
obligación *f* obligation; bond
obligar to oblige, force
obligatorio obligatory
obrero *m* laborer, worker
obsoleto obsolete
obtener to obtain
ocuparse de to deal with, look after
ocurrencia *f* occurrence
ocurrir to occur
oferta *f* offer, supply
oficial *m* officer
oficina *f* office
oficio *m* job, profession
ofrecer to offer
operaciones *f pl* operations, operating activities
operaciones de computadora *f pl* computer operations
operaciones extranjeras *f pl* foreign operations
operaciones financieras *f pl* financial operations
operador de máquinas *m* machine operator
operar to operate

operativo *m*   operating
orden *m* or *f*   order

P

pagar   to pay
pagaré *m*   promissory note
pago *m*   payment
pago anticipado *m*   prepayment
pago de arrendamiento *m*   lease
   payment, rent payment
pago de impuestos *m*   tax payment
pago en efectivo *m*   cash payment
pago en efectivo bruto *m pl*   gross cash
   outlay
papel *m*   role
papeleo *m*   paperwork
par *m*   pair; par
paralelo   parallel
pareo *m*   matching
pareo de costos y rentas *m*   matching
   costs and revenues
parte *f*   part
participación *f*   participation
participar   to participate
partida *f*   entry
pasivos *m pl*   liabilities
pasivos a largo plazo *m pl*   long-term
   liabilities
pasivos circulantes *m pl*   current
   liabilities
pasivos devengados *m pl*   accrued
   liabilities
pasivos financieros *m pl*   financial
   liabilities
paso *m*   step
paso preliminar *m*   preliminary step
patente *f*   patent
patente de invención *f*   patent
patrimonial *m*   owner's equity
patrimonio *m*   net worth
patrimonio de los accionistas *m*
   stockholders' equity
patrimonio por acción *m*   equity per
   share
patrón *m*   boss; pattern
patrono *m*   employer
pedido *m*   order, purchase
pedir prestado   to borrow
pensión *f*   pension

pérdida *f*   loss
pérdida de capital *f*   loss of capital
pérdida neta *f*   net loss
pérdida ordinaria *f*   ordinary loss
periódico   periodic
período *m*   period
período contable *m*   accounting period
período de descuento *m*   discount period
período de recuperación *m*   payback
   period
período de tiempo *m*   period of time
período de uso *m*   useful life span
período máximo *m*   maximum period
permanente   permanent
persona jurídica *f*   corporate body, legal
   entity
personal *m*   personnel
pertenecer   to belong
pieza *f*   piece, part
pirámide *f*   pyramid
plan *m*   plan
plan de producción *m*   production
   schedule
plan de reorganización *m*   reorganization
   plan
planeado   planned
planear   to plan
planificación *f*   planning
planificación a corto plazo *f*   short-term
   planning
planificación a largo plazo *f*   long-term
   planning
planificación eficaz *f*   effective
   planning
planificar   to plan
planilla *f*   tax form
planta *f*   plant (factory)
planta física *f*   physical plant
plazo *m*   period of time
poder *m*   power
política *f*   policy
política fiscal *f*   fiscal policy
póliza *f*   policy (insurance)
póliza de vida *f*   life insurance policy
poner en equilibrio   to balance
por adelantado   in advance
por anticipado   in advance
por correo   by mail
por crédito   on credit

por escrito   written, in writing
porcentaje *m*   percentage
pormenorizar   to itemize
portador *m*   bearer
poseedor *m*   owner, holder
poseer   to possess
positivo   positive
potencial   potential
practicar   to practice
precio *m*   price
precio de compra *m*   purchase price
precio de venta *m*   sale price
precisión *f*   precision
predecir   to predict
preferencial   preferential, preferred
presidente *m* or *f*   president
préstamo *m*   loan
prestar   to lend
presupuestación de capital *f*   capital budgeting
presupuestado   budgeted
presupuestario   budgetary
presupuesto *m*   budget
presupuesto de capital *m*   capital budget
presupuesto de efectivo *m*   cash budget
presupuesto de gastos de capital *m*   capital expenditure budget
presupuesto flexible *m*   flexible budget
presupuesto general *m*   master budget
prever   to foresee
prima *f*   premium (insurance)
primordial   fundamental, essential
principio *m*   beginning; principle
principio de contabilidad *m*   accounting principle
privado   private
proactivar   to prorate
probabilidad *f*   probability
procedimiento *m*   process, procedure
proceso *m*   process
proceso de planificación *m*   planning process
proceso presupuestario *m*   budgetary process
producción *f*   production
producir   to produce
producto *m*   product
programa de incentivo *m*   incentive program

promediar   to average
promedio *m*   average
prometer   to promise
promoción *f*   promotion
pronosticar   to forecast
pronóstico *m*   forecast
pronóstico de ventas *m*   sales forecast
propiedad *f*   ownership, property, proprietorship
propiedad individual *f*   individual ownership, sole proprietorship
propietario *m*   proprietor, owner
proponer   to propose
proporción *f*   proportion
proporcionar   to proportion, to provide
propósito *m*   purpose
propuesta *f*   proposal
prosperidad *f*   prosperity
protección *f*   protection
protestar   to protest
proveer   to provide
provenir   to come from, derive from
provisión *f*   provision
provisión para impuestos federales *f*   tax reserves
proyección *f*   projection
proyección de costo *f*   cost projection
proyección de inversión *f*   investment projection
proyección de ventas *f*   sales projection
proyectar   to project
proyecto *m*   project
prueba *f*   proof, test
publicidad *f*   advertising
público   public
puesto *m*   job, position
punto de equilibrio *m*   breakeven point

Q

quedar   to end; to remain; to be left over
quiebra *f*   bankruptcy

R

rama *f*   branch, division
raya doble *f*   double line
razón *f*   ratio; reason
razón de actividad *f*   activity ratio
razón de apalancamiento *f*   leverage ratio
razón de crecimiento *f*   growth ratio

razón de liquidez *f*   liquidity ratio
razón de rentabilidad *f*   profit(ability) ratio
razón establecida *f*   fixed ratio
razón financiera *f*   financial ratio
razonable   reasonable
recaudar   to collect
recibir   to receive
recibo *m*   receipt
recibo de efectivo *m*   cash receipt
recibos en efectivo brutos *m pl*   gross cash receipts
reciente   recent
recomendación *f*   recommendation
reconocer   to recognize
recuento *m*   count, recount
recuperación *f*   recuperation, recovery
recuperación de costo *f*   cost recovery, payback
recuperar   to recover, recuperate
recurrir a   to turn to, appeal
recursos *m pl*   resources, funds
recursos financieros *m pl*   financial resources
rechazar   to reject
reducción *f*   reduction
reducir   to reduce
reemplazar   to replace
reestructuración *f*   restructuring
reestructurar   to restructure
registrar   to register, record, enter
registro *m*   register; registration
registro de vales *m*   voucher register
regla *f*   rule
regular   to regulate
remediar   to remedy
rendimiento *m*   return, yield
rendimiento sobre activos totales *m*   return on total assets
rendimiento sobre el capital contable *m*   return on equity
rendimiento sobre el capital contable de los accionistas comunes *m*   return on common stockholders' equity
rendimiento sobre la inversión *m*   return on investment
rendimiento sobre los activos *m*   return on assets
rendir   to yield

rendir cuentas   to account for, be accountable for
rentabilidad *f*   profitability
rentable   profitable
rentas *f pl*   income, revenue, profits, earnings
rentas personales *f pl*   personal income
reorganización *f*   reorganization
reorganizar   to reorganize
repartir   to share; to distribute
requerir   to require
requisito *m*   requirement
responsabilidad *f*   responsibility
responsable   responsible
restar   to subtract
resultado *m*   result
resumen *m*   summary
resumir   to sum up, summarize
retener   to keep, retain
retirado   retired
retirar   to withdraw, remove
retiro *m*   withdrawal
retiro de la deuda *m*   deduction from the principal (debt)
reunión *f*   meeting
reunir   to combine, join together
revisar   to check, review
revisión *f*   revision, review
riesgo *m*   risk
robar   to rob, steal

S

sacar   to take out
sacar a (la) luz   to bring to light
sacar beneficios   to obtain (reap) benefits
salario *m*   salary
salarios por pagar *m pl*   salaries payable
saldo *m*   balance
satisfacer   to satisfy
secretario *m*   secretary
sector *m*   sector
secuencia *f*   sequence
seguro *m*   insurance
Seguro Social *m*   Social Security
seleccionado   selected
seleccionar   to choose
sello *m*   stamp
sencillo   simple
separado   separated, separate

serie *f*   series
serie de servicios *f*   stream of services
servir de   to act as, serve as
servirse de   to act as, serve as, use
significativo   significant
sindicato *m*   union
sinergía *f*   synergy
sistema *m*   system
sistema contable *m*   accounting system
sistema de control interno *m*   internal control system
sistema de vales *m*   voucher system
sobrante *m*   surplus; remainder
sobrar   to be left over
sobre *m*   envelope
sobre el mostrador   over-the-counter
sobrevivir   to survive
sociedad anónima *f*   corporation
socio *m*   partner
someter   to submit
subárea *f*   subarea
subdiario *m*   subsidiary journal
subdiario caja egresos *m*   cash disbursements journal
subdiario caja ingresos *m*   cash receipts journal
subdiario de compras *m*   purchases journal
subdiario de ventas *m*   sales journal
subir   to go up
subsidiario *m*   subsidiary
sucursal *f*   branch (office)
sueldo *m*   salary
sujeto a   subject to
suma *f*   sum, total, amount
sumar   to add up
sumario *m*   summary
supervisión *f*   supervision
supervisor *m*   supervisor
suponer   to suppose

T

tamaño *m*   size
tangible   tangible
tarjeta de crédito *f*   credit card
tasa *f*   rate
tasa de cambio *f*   exchange rate
tasa de cupón *f*   coupon redemption rate
tasa de impuesto *f*   tax rate

tasa de inflación *f*   inflation rate
tasa de interés *f*   interest rate
tasa de rendimiento *f*   rate of return
tasa interna de rendimiento *f*   internal rate of return
técnico *m*   technician
técnico   technical
teléfono *m*   telephone
télex *m*   telex
tenedor *m*   holder, bearer
tenedor de bonos *m*   bondholder
tenedor de libros *m*   bookkeeper
tener en mente   to keep in mind
tener lugar   to take place
terminación *f*   termination
terminante   definite, conclusive, final
terminar   to end, finish
terminología *f*   terminology
terreno *m*   land
tesorero *m*   treasurer
tiempo completo   full-time
tiempo parcial   part-time
tienda *f*   store, shop
tipo *m*   type, rate
tipo de cambio *m*   exchange rate
título *m*   bond
título corporativo *m*   corporate bond
título del gobierno *m*   government bond
toma de decisiones *f*   decision making
toma de decisiones financieras *f*   financial decision making
total *m*   total
totalidad *f*   totality
trabajador *m*   worker
transacción *f*   transaction
transacción de retiro *f*   withdrawal transaction
transferencia *f*   transfer
transferir   to transfer
transformación *f*   transformation
transformar   to transform
transportar   to transport
transporte *m*   transportation
trasladar   to transfer, move
tributo *m*   tax
trimestral   quarterly
trimestralmente   quarterly
trimestre *m*   quarter (of a year); quarterly payment

U

unidad *f* unit
unificación *f* unification
usuario *m* user
útil useful
utilidad bruta *f* gross margin
utilidades *f pl* profits, earnings, gains,
  income
utilidades por acción *f pl* earnings per
  share
utilidades retenidas *f pl* retained earnings
  (profits)
utilizar to utilize, use

V

vale *m* voucher, receipt
valer to be worth
valerse de to use
vales por pagar *m pl* vouchers payable
valor *m* value
valor a par *m* par value
valor actual *m* present value
valor de mercado *m* market value
valor de salvamento *m* salvage value
valor del dinero a través del tiempo *m*
  time value of money
valor en efectivo *m* cash value
valor futuro *m* future value
valor nominal *m* face value
valor presente *m* present value

valor presente neto *m* present net value
valor temporal *m* temporary value, time
  value
valores negociables *m pl* negotiable
  instruments
valorización *f* valuation, appraisal
valorizar to appraise, value
valuación *f* valuation
variable *f* variable
variación *f* variation
variar to vary
vehículo *m* vehicle
vencer to come due
vendedor *m* sales representative, seller
vender to sell
venta *f* sale
ventaja *f* advantage
ventas netas *f pl* net sales
verificación *f* verification, check
verificar to verify, check
vicepresidencia *f* vice-presidency
vicepresidente de investigaciones *m*
  vice-president for research
vicepresidente de manufactura *m* vice-
  president for manufacturing
vicepresidente de ventas *m* vice-
  president for sales
volumen *m* volume
votar to vote

ENGLISH-SPANISH VOCABULARY

A

abbreviation   la abreviatura
accept   aceptar, dar por bueno
accepted   aceptado
account   la cuenta
account for   rendir cuentas
account statement   el estado de cuenta
accountant   el (la) contable, el contador
accounting   la contabilidad
accounting controls   los controles contables
accounting cycle   el ciclo contable
accounting data   los datos contables
accounting department   el departamento (servicio) de contabilidad
accounting entry   la partida contable
accounting period   el período contable
accounting principle   el principio de contabilidad
accounting system   el sistema contable
accounts payable   las cuentas por pagar
accounts receivable   las cuentas por cobrar
accrued   devengado
accrued liabilities   los pasivos devengados
accumulate   acumular
accumulated   acumulado
accumulated depreciation   la depreciación acumulada
acquire   adquirir
acquisition   la adquisición
act as   servir de
activity   la actividad
activity ratio   la razón de actividad
add   añadir
add up   sumar
additional   adicional
adjust   ajustar
adjusted gross income   el ingreso bruto ajustado

adjustment   el ajuste
administer   administrar
administration   la administración
administrative   administrativo
administrative expenses (costs)   los gastos administrativos, los gastos de administración
administrative level   el nivel de administración
administrator   el administrador
advanced   avanzado
advanced payment   el pago anticipado
advantage   la ventaja
advertising   la publicidad
affirm   afirmar
agree   concordar, estar de acuerdo
agreement   el acuerdo
allocate   consignar
allocation   la consignación
allowance   la bonificación, la concesión
alternative   la alternativa
amortization   la amortización
amortize   amortizar
amount   el importe; la suma, el monto
analysis   el análisis
analysis of breakeven point   el análisis del punto de equilibrio
analyze   analizar
annual payment   la anualidad
annuity   la anualidad
anticipate   anticipar
appeal   recurrir
appear   aparecer, figurar
appraisal   la valorización, la valoración
appraise   valorizar
approve   aprobar, dar por bueno
arbitrary   arbitrario
assets   los activos
assign   asignar
assume   asumir

assure asegurar
at the bottom of the sheet (of paper) al
  pie de la hoja
attached adjunto
audit la auditoría
auditing la auditoría
authority la autoridad
authorization la autorización
authorized autorizado
availability la disponibilidad
average el promedio
average promediar
avoid evitar

B

backward atrás
balance el balance, el saldo
balance poner en equilibrio, balancear
balance sheet el balance, la hoja de
  balance
bank el banco
bank reconciliation la conciliación
  bancaria
bankruptcy la quiebra
base la base
base year el año base
basic básico
basic thing lo básico
be accountable for rendir cuentas
be charged cobrarse
be left over quedar, sobrar
be of use servirse
be taxed gravarse
be worth valer
bear llevar
bearer el portador, el tenedor
beginning el principio
belong pertenecer
benefits los beneficios
bill la factura; el billete
bill facturar
billing la facturización
board la junta
Board of Directors la junta de directores
  (directiva)
bond el título, el bono
bondholder el tenedor de bonos
bookkeeper el tenedor de libros
borrow pedir prestado

boss el jefe, el patrón
bottom-up abajo para arriba
branch la rama; (office) la sucursal
breakeven point el punto de equilibrio
bring to light sacar a (la) luz
broker el corredor
budget el presupuesto
budgetary presupuestario
budgetary process el proceso
  presupuestario
budgeted presupuestado
budgeted balance sheet el balance
  general presupuestado
budgeted income los ingresos
  presupuestados
budgeted income statement el estado de
  resultados presupuestado
budgeting la presupuestación
business el negocio
business world el mundo de los negocios
buyer el comprador
by mail por correo

C

calculate calcular, computar
calculation el cálculo, el cómputo
capital el capital
capital account la cuenta de capital, la
  cuenta patrimonial
capital assets los activos de capital
capital budget el presupuesto de capital
capital budgeting la presupuestación de
  capital
capital expenditures budget el
  presupuesto de gastos de capital
capital gains las ganancias de capital
capital stock la acción de capital
carry llevar
carry out efectuarse
carry with it conllevar
cash el efectivo
cash budget el presupuesto de efectivo
cash disbursements journal el subdiario
  caja egresos
cash flow el flujo de efectivo
cash flow analysis el análisis del flujo de
  efectivo
cash flow statement el estado de flujo de
  efectivo

cash payable   el efectivo por pagar
cash payments   los pagos en efectivo
cash payments journal   el subdiario caja egresos
cash receipts   los recibos en efectivo
cash receipts journal   el subdiario caja ingresos
cash register   la caja registradora
cash value   el valor en efectivo
cashier   el cajero
category   la categoría
certificate of deposit (CD)   el certificado de depósito
certificate of ownership   el certificado de propiedad
certified public accountant (CPA)   el contador público titulado
change   el cambio
charge   cobrar
charity   la caridad
check   el cheque
check   comprobar, revisar
checkbook   la chequera, el talonario
checking account   la cuenta corriente
chief   el jefe
chief executive officer (CEO)   el funcionario ejecutivo principal
choose   seleccionar, escoger
chronological   cronológico
claim   la demanda
classify   clasificar
client   el cliente
close   cerrar
closing   el cierre
closing balance   el balance de cierre
closing cycle   el ciclo de cierre
coin   la moneda
collect   cobrar, recaudar
collection   el conjunto
column   la columna
columned   columnado
combination   el conjunto
combine   combinar, juntar, reunir
come due   vencer
come from   provenir
commercial   comercial
commercial bank   el banco comercial
commission   la comisión
common   común

common stock   la acción común
company   la compañía, la empresa
comparative   comparativo
comparative financial statement   el estado financiero comparativo
compare   comparar
comparison   la comparación
compete   competir
competence   la competencia
competition   la competencia
competitive   competitivo
competitiveness   la competividad
competitor   el competidor
complicated   complicado
compound interest   el interés compuesto
comprehend   comprender
comprehensible   comprensible
computations   los cómputos
computer   la computadora, el ordenador
computer operations   las operaciones de computadora, la informática
computerized   computerizado, computadorizado
concept   el concepto
conclusive   terminante
condense   condensar
condition   la condición
confront   confrontar
conglomerate   el conglomerado
conjecture   la conjetura
connection   la conexión
consent   consentir
consider   considerar
consolidation   la consolidación
constant   constante
contain   contener
content   el contenido
contract   el contrato
contract   contratar
contribute   contribuir
contribution   la contribución
control   el control
control   controlar
controller   el contralor
coordinate   coordinar
copy   la copia
copy   copiar
corporate   corporativo
corporate bond   el título corporativo

corporate entity   la persona jurídica
corporate goal   la meta corporativa
corporate tax   el impuesto corporativo
corporation   la corporación, la sociedad
    anónima
correct   corregir
correction   la corrección
cost   el costo, el gasto
cost   costar
cost accounting   la contabilización de
    costos
cost and profit   los costos y beneficios
cost of capital   el costo de capital
cost of goods sold   el costo de bienes
    vendidos
cost of inventory   el costo del inventario
cost of merchandise   el costo de las
    mercancías
cost of sales   el costo de ventas
cost projection   la proyección de costos
cost recovery   la recuperación de costos
count   contar
coupon   el cupón
coupon redemption rate   la tasa de cupón
court   la corte
credit   el haber, el crédito
credit card   la tarjeta de crédito
credit union   la asociación cooperativa de
    crédito
creditor   el acreedor
criteria   los criterios
critical   crítico
current assets   los activos circulantes, los
    activos corrientes
current liabilities   los pasivos circulantes,
    los pasivos corrientes
current year   el año corriente
customer   el cliente
cycle   el ciclo

D

daily   diario
daily wage   el jornal
date   la fecha
day-to-day account   la cuenta a la vista
deal with   ocuparse de
debentures   los documentos por pagar
debit   el debe
debt   la deuda

decision   la decisión
decision making   la toma de decisiones
declare   declarar
decrease   la baja, la disminución
decrease   disminuir, bajar
dedicate   dedicar
deduct   deducir
deductible   deducible
deduction   la deducción
deduction from the principal (debt)   el
    retiro de la deuda
define   definir
definite   terminante
delay   la demora
delayed payments   la demora en los
    pagos
deliver   entregar
demand   la demanda
demand account   la cuenta a la vista
department   el departamento, el servicio
department head   el jefe de departamento
dependent   dependiente
deposit   el depósito
deposit   depositar
depreciate   depreciar
depreciation   la depreciación
depreciation expenses (costs)   los gastos
    de depreciación
describe   describir
design   el diseño
detail   el detalle
detailed   detallado
detect   detectar
determine   determinar
development   el desarrollo
deviation   la desviación
devote   dedicar
difference   la diferencia
diminution   la disminución
direct   dirigir
direct   directo
direct labor costs   los costos de mano de
    obra
direct materials   los materiales directos
direction   la dirección
director   el director
disadvantage   la desventaja
discount   el descuento, la bonificación
discount   descontar

discount period   el período de descuento
discrepancy   la discrepancia
dispose   disponer
disposition   la disposición
dissolution   la disolución
dissolve   disolver
distribute   distribuir
distribution   la distribución
divide   dividir
dividend   el dividendo
division   la rama, la división
document   el documento
documentation   la documentación
dollar   el dólar
domicile   el domicilio
double   el doble
double line   la raya doble
dozen   la docena
draw(ing) account   la cuenta corriente, la cuenta de retiro
due date   la fecha de vencimiento
duty   los aranceles

E
earn   ganar
earnings   las rentas, las utilidades, el ingreso, las ganancias
earnings per share   las utilidades por acción
easy   fácil
economic activity   la actividad económica
economic failure   el fracaso económico
economic growth   el crecimiento económico
economic state   la condición económica
education   la educación
effect   el efecto
effective planning   la planificación eficaz
efficiency   la eficiencia
efficient   eficaz, eficiente
elect   elegir
election   la elección
eliminate   eliminar
employ   emplear
employee   el empleado
employer   el patrono
end   terminar; quedar
energy source   la fuente de energía

enter   registrar
enterprise   la empresa
entity   la entidad
entry   la partida
envelope   el sobre
environment   el ámbito, el ambiente
equal   igual
equality   la igualdad
equipment   el equipo
equity   el capital común, el capital contable
equity account   la cuenta de capital, la cuenta patrimonial
equity per share   el patrimonio por acción
essential   primordial
establish   establecer
establishment   el establecimiento
evaluate   evaluar
evaluation   la evaluación
exceed   exceder
excess   el exceso, el sobrante
exchange rate   la tasa de cambio, el tipo de cambio
excise tax   los aranceles
executive   el ejecutivo
exemption   la exención
exercise   ejercer
exhibition   la exhibición
existence   la existencia
existing   existente
expansion   la expansión
expenditures   los egresos, los gastos
expenses   los gastos, los egresos
expensive   caro
exposition   la exposición
expression   la expresión

F
face value   el valor nominal
facilitate   facilitar
facsimile (fax)   el facsímil, el facsímile
factor   el factor
factory   la fábrica
failure   el fracaso
fall   la baja
federal   federal
federal funds   los fondos federales
federal (government) bond   el bono federal

federal tax   el impuesto federal
federal taxes to be paid   la provisión para impuestos federales
fee   el honorario
file   archivar
file suit   demandar
final   final, terminante
finance   financiar
finances   las finanzas
financial   financiero
financial accounting   la contabilidad financiera
financial assets   los activos financieros
financial data   los datos financieros
financial decision making   la toma de decisiones financieras
financial failure   el fracaso financiero
financial liabilities   los pasivos financieros
financial matters   los asuntos financieros
financial operations   las operaciones financieras
financial ratio   la razón financiera
financial resources   los recursos financieros
financial statement   el estado financiero
financing   el financiamiento
financing activities   el financiamiento
fine   la multa
finish   terminar
finished goods inventory   el inventario de bienes terminados
fiscal policy   la política fiscal
fiscal year   el año fiscal
fix   arreglar; fijar
fixed   fijo
fixed assets   los activos fijos
fixed costs   los costos fijos
fixed ratio   la razón establecida
flexible   flexible
flexible budget   el presupuesto flexible
fluctuation   la fluctuación
force   obligar
forecast   el pronóstico
forecast   pronosticar
foreign currencies   las divisas
foreign currency market   el mercado de divisas

foreign exchange market   el mercado de divisas
foreign operations   las operaciones extranjeras
foreman   el capataz
foresee   prever
form (tax)   la planilla
formality   la formalidad
format   el formato
formulate   formular
formulation   la formulación
forward   adelante
found   fundar
foundation   la fundación
fraud   el fraude
friendly   amigable
fulfill   cumplir
full-time   a tiempo completo
function   la función
functioning   el funcionamiento
fundamental   primordial
funds   los fondos, los recursos
furniture   el mueble
future   el futuro
future value   el valor futuro

G

gains   las utilidades, las ganancias
gather together   reunir
general journal   el diario general
general ledger   el libro mayor general
general partnership   la asociación general
give over   dedicar
go down   bajar
go up   subir
goal   la meta
goods   los bienes
goods and services   los bienes y servicios
goodwill   la buena voluntad
government bond   el título del gobierno, el bono federal
greater quantity   la cantidad superior
gross   bruto
gross cash payment   el pago en efectivo bruto
gross cash receipts   los recibos en efectivo brutos

gross income   el ingreso bruto
gross margin   la ganancia bruta, la
　utilidad bruta
gross operating income   el ingreso bruto
　en operación
group   el conjunto
growth ratio   la razón de crecimiento
guarantee   garantizar

H

hand over   entregar
head   el jefe
hire   contratar
holder   el poseedor, el tenedor, el portador
holding company   la compañía tenedora
hope   esperar
hostile   hostil

I

identification   la identificación
identify   identificar
illegal   ilegal
impact   el impacto
improve   mejorar
in advance   por adelantado, por
　anticipado
in cash   en efectivo
in charge   encargado
in circulation   en circulación
in writing   por escrito
incentive program   el programa de
　incentivo
income   las rentas, las utilidades, las
　ganancias, el ingreso
incorporate   incorporar
incorporated   incorporado
incorporation   la incorporación
increase   el alza, el incremento, el
　aumento
increase   aumentar, incrementar
increment   el incremento
independent   independiente
independent audit   la auditoría
　independiente
indicate   indicar, informar
indirect   indirecto
individual   el individuo
individual   individual

individual ownership   la propiedad
　individual
individual retirement account (IRA)   la
　cuenta individual de retiro
inefficient   ineficiente
inequality   la desigualdad
inflation   la inflación
inflation rate   la tasa de inflación
influence   influir
information   la información
initial   inicial
initial cost   el costo inicial
initial outlay   el desembolso inicial
initiate   iniciar
installation   la instalación
installment   el abono
institution   la institución
insurance   el seguro
insurance company   la compañía de
　seguros
insure   asegurar
insured   asegurado
intangible   intangible
intangible assets   los activos intangibles
intangible assets account   la cuenta de
　activos intangibles
intensity   la intensidad
intensive research   la investigación
　minuciosa
interest   el interés
interest expenses (costs)   los gastos de
　intereses
interest rate   la tasa de interés
interfere   interferir
interference   la interferencia
interim statement   el estado interino
intermediary   el intermediario
internal control   el control interno
internal control system   el sistema de
　control interno
internal rate of return   la tasa interna de
　rendimiento
international   internacional
international trade   el comercio
　internacional
interpret   interpretar
interpretation   la interpretación
interval   el intervalo

invention el invento, la invención
inventory el inventario
inventory account la cuenta de inventario
inventory cost el costo del inventario
invest invertir
investigation la investigación
investment la inversión
investment projection la proyección de inversión
investor el (la) inversionista
involve envolver
issuance la emisión
issue emitir
item el ítem
itemize pormenorizar

J

job el puesto, el oficio, el trabajo, el empleo
join juntar
journal el diario
judicial jurídico

K

keep mantener, guardar, retener
keep in mind tener en mente
key letter la letra clave

L

labor la mano de obra
laborer el obrero
lack la falta
land el terreno
last durar
lease payment el pago de arrendamiento
ledger el libro mayor
legal jurídico, legal
legal entity la persona jurídica
lend prestar
less menos
lesser quantity la cantidad inferior
letter la carta
level el nivel
leverage el apalancamiento
leverage ratio la razón de apalancamiento
liabilities los pasivos, los derechos sobre los activos

life insurance policy la póliza de vida
limit el límite
limited limitado
limited partnership la asociación limitada
liquid líquido
liquidate liquidar
liquidation la liquidación
liquidity la liquidez
liquidity ratio la razón de liquidez
list la lista, el listado
loan el préstamo
loan company la compañía de préstamos
long-term a largo plazo
long-term bond el bono a largo plazo
long-term earnings (income) las ganancias a largo plazo
long-term investment la inversión a largo plazo
long-term liabilities los pasivos a largo plazo
long-term planning la planificación a largo plazo
look after ocuparse de
look for buscar
loss la pérdida
loss of capital la pérdida de capital

M

machine la máquina
machine operator el operador de máquinas
machinery la maquinaria
mail el correo
mail enviar por correo
main goal la meta principal
maintaining el mantenimiento
maintenance el mantenimiento
majority la mayoría
manage manejar, administrar
management la administración, la dirección; la gerencia
manager el administrador, el gerente
managerial ability la capacidad gerencial
managerial accounting la contabilidad gerencial
managerial efficiency la eficiencia gerencial

managerial hierarchy   la jerarquía empresarial
manpower   la mano de obra
manufacture   manufacturar, fabricar
manufactured   fabricado
manufacturer   el (la) fabricante
manufacturing   fabril
manufacturing company   la empresa manufacturera
manufacturing costs   los costos de fábrica, los costos de manufactura
margin   el margen
market   el mercado
market value   el valor de mercado
marketing   la comercialización, el mercadeo, el marketing
master balance   el balance general
master balance sheet   el balance general
master budget   el presupuesto general
matching   el pareo
matching costs and revenues   el pareo de costos y rentas
material   el material
materials inventory   el inventario de materiales
maximization   la maximización
maximization of profits   la maximización de los beneficios
maximization of value   la maximización del valor
maximum   el máximo
maximum period   el período máximo
measure   la medida
measure   medir
meeting   la reunión
member   el miembro, el socio
mercantile business   el negocio mercantil
mercantile company   la empresa mercantil
merchandise   las mercancías, las mercaderías
merchant   el (la) negociante
merger   la fusión
method   el método
minimum   el mínimo
money order   el giro postal
monthly   mensual(mente)
monthly bank statement   el estado mensual de banco

mortgage   la hipoteca
mortgage bond   el bono de hipoteca
motivate   motivar
multicolumn   columnado
multinational   multinacional
multiply   multiplicar
municipal   municipal
municipal bond   el bono municipal
mutual funds   los fondos mutualistas

N

name   nombrar
national defense   la defensa nacional
need   la necesidad
need   necesitar
negative   negativo
negotiable   negociable
negotiable instruments   los valores negociables
negotiate   negociar
net   neto
net cash flow   el flujo de efectivo neto
net income   el ingreso neto
net loss   la pérdida neta
net operating income   el ingreso neto en operación
net sales   las ventas netas
net worth   el patrimonio neto
nonprofit   de fines no lucrativos (no de lucro)
nonprofit organization   la corporación de fines no lucrativos (no de lucro)
norm   la norma
normal   normal
notes payable   los documentos por pagar

O

objective   el objetivo, la meta
obligation   el gravamen, la obligación
obligatory   obligatorio
oblige   obligar
obsolete   obsoleto
obtain   adquirir, obtener
obtain (reap) benefits   sacar beneficios
occur   ocurrir
occurrence   la ocurrencia
of utmost importance   de suma importancia
offer   la oferta

offer   ofrecer
office   la oficina
office equipment   el equipo de oficina
office supplies   los materiales de oficina
officer   el funcionario, el oficial
on credit   por crédito, a crédito
on deposit   en depósito
operate   funcionar, operar
operating   operativo
operating activities   las operaciones
operating costs   los costos de operación, los costos operativos
operating expenses   los gastos de operación, los gastos operativos
operations   las operaciones
order   el orden, la orden; el pedido
ordinary income   el ingreso ordinario
ordinary loss   la pérdida ordinaria
over-the-counter   sobre el mostrador
overhead costs (expenses)   los costos generales, los gastos generales
owe   deber
owner   el dueño, el propietario; el tenedor, el portador
owner's equity   el patrimonial, el capital contable, el patrimonio
ownership   la propiedad

P

pair   el par
paper money   el dinero-papel
paperwork   el papeleo
par value   el valor a par
parallel   paralelo
parent company   la compañía matriz
part   la parte, la pieza
participate   participar
participation   la participación
partner   el socio
partnership   la asociación
part-time   a tiempo parcial
patent   la patente, la patente de invención
pattern   el patrón
pay   pagar
payback   la recuperación de costo
packback period   el período de recuperación
payment   el pago
payment date   la fecha de pago

pension   la pensión
pension fund   el fondo de pensión
percentage   el porcentaje
period   el período
period of time   el período de tiempo, el plazo
periodic   periódico
periodic costs   los costos periódicos
periodic inventory   el inventario periódico
permanent   permanente
permanent inventory   el inventario permanente
personal   personal
personal income   el ingreso personal, las rentas personales
personnel   el personal
petty cash   la caja chica
phase   la fase
phenomenon   el fenómeno
physical   físico
physical plant   la planta física
piece   la pieza
plan   el plan
plan   planear, planificar
planned   planeado
planning   la planificación
planning process   el proceso de planificación
plant (factory)   la planta, la fábrica
policy   la política
policy (insurance)   la póliza
position   el puesto
positive   positivo
possess   poseer
post office   el correo
postclosing trial balance   el balance de comprobación poscierre
potential   potencial
pound sterling   la libra esterlina
power   el poder
practice   practicar, ejercer
precision   la precisión
predict   predecir
preferential   preferencial
preferred   preferencial
preferred stock   la acción preferencial
preliminary step   el paso preliminar
premium (insurance)   la prima

prepaid expenses los gastos anticipados
prepaid rent el arrendamiento adelantado
prepayment el pago anticipado
present actual
present net value el valor presente neto
present value el valor actual, el valor
   presente
president el presidente
price el importe; el precio
primary market el mercado primario
principle el principio
private privado
privately owned corporation la
   corporación privada
pro forma profit and loss statement el
   estado de resultados presupuestado
probability la probabilidad
procedure el procedimiento
process el proceso, el procedimiento
produce producir
product el producto
product costs los costos de producto
product demand la demanda para el
   producto
production la producción
production area el área de producción
production costs los costos de
   producción
production level el nivel de producción
production schedule el plan de
   producción
profession el oficio
profit and loss statement (P&L) el
   estado de resultados
profit maximization la maximización de
   los beneficios
profitability la rentabilidad
profitability ratio la razón de
   rentabilidad
profitable rentable
profits las rentas, las utilidades, los
   beneficios, las ganancias
project el proyecto
project proyectar
projection la proyección
promise prometer
promissory note el pagaré
promotion la promoción
proof la prueba

property la propiedad
proportion la proporción
proportion proporcionar
proposal la propuesta
propose proponer
proprietor el propietario
proprietorship la propiedad
proprietorship certificate el certificado
   de propiedad
prorate proactivar
prosperity la prosperidad
protection la protección
protest protestar
prove comprobar
provide proporcionar, proveer
provision la provisión
proxy el apoderado
public público
purchase la compra
purchase price el precio de compra
purchases journal el subdiario de
   compras
purchasing department el departamento
   de compras
purpose el propósito
pyramid la pirámide

Q

qualify calificar
quantitative cuantitativo
quantity la cantidad
quarter (of a year) el trimestre
quarterly trimestral, trimestralmente

R

rate la tasa, el tipo
rate of return la tasa de rendimiento
ratio la razón
raw material la materia prima
reach alcanzar
real estate los bienes raíces
reason la razón
reasonable razonable
receipt el recibo, el vale
receipts and payments los cobros y
   pagos
receive recibir
recent reciente
recognize reconocer

recommendation   la recomendación
reconcile   comprobar
record   registrar
recount   el recuento
recover   recuperar
recovery   la recuperación
recuperate   recuperar
recuperation   la recuperación
reduce   reducir
reduction   la reducción
register   el registro
register   registrar
registration   el registro
registration certificate   el certificado de registro
regulate   regular
reject   rechazar
reliability   la confiabilidad
reliable   confiable
remain   quedar
remainder   el sobrante
remedy   remediar
remove   retirar
rent   el alquiler
rent payment   el pago de arrendamiento
reorganization   la reorganización
reorganization plan   el plan de reorganización
reorganize   reorganizar
replace   reemplazar
replenish   abastecer
require   requerir
requirement   el requisito
research   la investigación
reserve deposit   el depósito de reserva
resources   los recursos
responsibility   la responsabilidad
responsible   responsable
restructure   reestructurar
restructuring   la reestructuración
result   el resultado
retail   al por menor
retailer   el minorista
retained earnings   las utilidades retenidas
retired   jubilado, retirado
return   el rendimiento; la devolución
return   devolver
return on assets   el rendimiento sobre los activos

return on common stockholders' equity   el rendimiento sobre el capital contable de los accionistas comunes
return on equity   el rendimiento sobre el capital contable
return on investment   el rendimiento sobre la inversión
return on total assets   el rendimiento sobre activos totales
revenue   las rentas, el ingreso
review   la revisión
review   revisar
revision   la revisión
right   el derecho
rise   el alza (f)
risk   el riesgo
rob   robar, hurtar
robbery   el hurto, el robo
role   el papel
rule   la regla
run   dirigir, operar

S

safe   la caja fuerte
salaries payable   los salarios por pagar
salary   el salario, el sueldo
sale   la venta
sale price   el precio de venta
sales costs   los gastos de ventas, los costos de ventas
sales department   el departamento de ventas
sales forecast   el pronóstico de ventas
sales income (earnings)   el ingreso por ventas
sales journal   el subdiario de ventas
sales projection   la proyección de ventas
sales representative   el vendedor, el representante de ventas
sales tax   el impuesto sobre ventas
salvage value   el valor de salvamento
satisfy   satisfacer
savings   los ahorros
savings account   la cuenta de ahorros
savings and loan institution   la caja de ahorro y crédito, la caja de ahorro y préstamo
savings bank   la caja de ahorros, el banco de ahorros

savings bond   el bono de ahorro
secondary market   el mercado secundario
secretary   el secretario
sector   el sector
selected   seleccionado
sell   vender
seller   el vendedor
selling expenses (costs)   los gastos de
ventas
send   enviar
separate   separado
separated   separado
sequence   la secuencia
series   la serie
serious   grave
serve as   servir de
service charge   el cargo por (de) servicio
set   fijo
set   fijar
set-up   la instalación
share   la acción
share   compartir, repartir
shareholder   el (la) accionista, el portador
de acciones
shop   la tienda, el taller
short-term   a corto plazo
short-term bond   el bono a corto plazo
short-term earnings (income)   las
ganancias a corto plazo
short-term planning   la planificación a
corto plazo
show   informar, mostrar
sign a contract   firmar un contrato
signature   la firma
significant   significativo
simple   sencillo
size   el tamaño
Social Security   el Seguro Social
sole proprietorship   la propiedad
individual
source   la fuente
specialist   el (la) especialista
spend   gastar
stable   estable
stage   la etapa
stamp   la estampilla, el sello
standard   el estándar, la norma
state   estatal
state   el estado

state (government) bond   el bono estatal
state of health   el estado de salud
state tax   la contribución estatal
statement   el estado
statement of retained earnings   el estado
de utilidades retenidas
statistic   la estadística
steal   robar, hurtar
step   el paso; la medida
Stock Market   la Bolsa de Valores, el
Mercado de Valores
stock owner   el (la) accionista, el portador
de acciones
stockholder   el (la) accionista, el portador
de acciones
stockholders' equity   el capital
patrimonial, el capital contable, el
patrimonio (de los accionistas)
stock   la acción; las existencias
store   la tienda
stream of services   la serie de servicios
subarea   la subárea
subject to   sujeto a
submit   someter, entregar
subsidiary   subsidiario
subsidiary corporation   la corporación
subsidiaria
subsidiary journal   el subdiario
subsidiary ledger   el libro mayor auxiliar
subtract   restar
sue   demandar
sum   la suma, el monto
sum up   resumir
summarize   resumir
summary   el sumario, el resumen
supervision   la supervisión
supervisor   el supervisor
supply   la oferta
support   apoyar
suppose   suponer
surplus   el sobrante, el exceso
survive   sobrevivir
synergy   la sinergía
system   el sistema

T

take care of   cuidar de
take charge of   encargarse de
take out   sacar

take place   efectuarse, tener lugar
tangible   tangible
tangible assets   los activos tangibles
tape   la cinta
tariffs   los aranceles
tax   el impuesto, el tributo, la contribución
tax payment   el pago de impuestos
tax rate   la tasa de impuesto
taxable   gravable
taxable income   el ingreso gravable
taxpayer   el (la) contribuyente
technical   técnico
technician   el técnico
telephone   el teléfono
telex   el télex
temporary value   el valor temporal
termination   la terminación
terminology   la terminología
test   la prueba
theft   el hurto
time value   el valor temporal
time value of money   el valor del dinero a
   través del tiempo
tool   la herramienta
top-down   arriba para abajo
total   la suma, el monto, el total, el importe
totality   la totalidad
toward   hacia
trade   el comercio
trade   comerciar
trademark   la marca registrada
transaction   la transacción
transfer   la transferencia
transfer   transferir, trasladar
transform   transformar
transformation   la transformación
transport   transportar
transportation   el transporte
treasurer   el tesorero
treasury bond   el bono fiscal
trend analysis   el análisis de tendencia
trial balance   el balance de comprobación
trust   la confianza
turn to   recurrir a
type   el tipo

U

uncontrollable   incontrolable
understand   comprender

unearned commission   la comisión no
   ganada
unearned income   los cobros anticipados
unification   la unificación
union   el sindicato, la unión
unit   la unidad
unlimited   ilimitado
up-to-date   al día
use   emplear, utilizar, valerse de
useful   útil
useful life span   el período de uso
user   el usuario
utilize   utilizar

V

valuation   la valorización, la valuación, la
   valoración
value   valorizar
value   el valor
variable   la variable
variable costs   los costos variables
variation   la variación
vary   variar
vehicle   el vehículo
verification   la verificación
verify   verificar, comprobar
vice-presidency   la vicepresidencia
vice-president for manufacturing   el
   vicepresidente de manufactura
vice-president for research   el
   vicepresidente de investigaciones
vice-president for sales   el vicepresidente
   de ventas
volume   el volumen
vote   votar
voucher   el vale
voucher register   el registro de vales
voucher system   el sistema de vales
vouchers payable   los vales por pagar

W

waste   el desperdicio
wholesale   al por mayor
wholesaler   el mayorista
withdraw   retirar
withdrawal   el retiro
withdrawal transaction   la transacción de
   retiro
worker   el trabajador, el obrero

work-in-process inventory   el inventario
   de trabajo en proceso
worksheet   la hoja de trabajo
wrap up   envolver
write   escribir
write off   asignar a gastos
written   por escrito

Y

yearly   anualmente
yield   el rendimiento
yield   rendir

INDEX